LOS PROGRESOS DEL HOMBRE

Y los riesgos de su autodestrucción

Oscar Martello

LOS PROGRESOS DEL HOMBRE

Y los riesgos de su autodestrucción

CONJURAS

 L.D. Books

Los progresos del hombre y los riesgos de su autodestrucción
© Oscar Martello, 2016

 L.D. Books

D.R. ©Editorial Lectorum, S.A. de C.V., 2016
Batalla de Casa Blanca Manzana 147 A Lote 1621
Col. Leyes de Reforma, 3a. Sección
C. P. 09310, Ciudad de México
Tel. 5581 3202
www.lectorum.com.mx
ventas@lectorum.com.mx

Primera edición: julio de 2016
ISBN: 978-1539612575

Colección **CONJURAS**

D.R. ©Portada e interiores: Mariel Mambretti

Introducción

En sus remotos orígenes, la especie humana tuvo que sobrevivir a grandes y pequeños cataclismos, a terremotos, sismos y glaciaciones, a períodos de sequía, al exceso de lluvia, a las crecientes de los ríos, a largos inviernos y calores excesivos, a incendios forestales y maremotos... En fin, a la multiplicidad de factores que amenazan al común de los animales. En la actualidad, en cambio, el desafío de nuestra especie es *tratar de sobrevivirse a sí misma*; al daño que provocan en su entorno y su propio organismo una multiplicidad de factores que reconocen un origen y un patrón comunes, y que van desde la contaminación ambiental a la manipulación y procesamiento de alimentos, pasando por el uso de pesticidas, plaguicidas y agroquímicos. A ello debemos sumar una ciencia medicinal más interesada en aumentar la rentabilidad de los laboratorios y cronificar las enfermedades que en encontrarles remedio.

Durante millones de años el hombre fue "evolucionando" debido a la necesidad de adaptarse constantemente al medio en que vivía y, al igual que todos los animales, lo hacía anatómicamente: le iba "cambiando el cuerpo", por así decirlo, lo que no siempre resultaba exitoso. Así, hace ya 1.5 millones de años se extinguía el *Homo erectus*, mientras poco antes lo había hecho el *Homo ergaster*, por mencionar sólo dos de los remotos "prototipos" humanos. Mucho más recientemente, en el continente europeo, el llamado *Hombre de Neanderthal* convivió con los primeros ejemplares del hombre actual, quienes probablemente hayan acabado con él hace aproximadamente 25 mil años. La desaparición del *Homo floresiensis* —un pequeño hombrecito de apenas un metro de estatura y 25 kg de peso que habitaba la isla de Flores, en Indonesia— se produjo hace quizás unos 12 mil años. Para entonces, el *Homo sapiens* tenía parecidas —y diferentes— características anatómicas a las que exhibe en la actualidad, fruto de la selección natural: diferentes colores de piel, de estaturas, de cantidad de glóbulos rojos, pilosidad, etc. Y ya hacía muchos miles de años que había adoptado sucesivas estrategias para sobrevivir. Pero hagamos algo de historia y establezcamos nuestro marco específico, antes de señalar las amenazas que lo acosan.

La adaptación cultural

La hembra humana presenta una gran diferencia respecto de la de las demás especies, excepto la de los chimpancés enanos o *bonobos*: no sólo ovula cada 28 días —mientras la mayoría de los mamíferos lo hace apenas una o dos veces al año—, sino que durante casi todo su ciclo menstrual es sexualmente receptiva, independientemente de su fertilidad. Y en contraste con las hembras de los demás mamíferos, que muestran diversas señales externas de estar en período de fertilidad, las señales de la hembra humana son prácticamente imperceptibles.

Estas dos condiciones —receptividad sexual y "ovulación oculta"— facilitaron la vida en común de nuestros ancestros al disminuir el grado de conflictividad entre los compañeros de apareamiento que, al ser constante a lo largo del año, facilitó la convivencia en grupos numerosos de machos y hembras.

La sociabilidad, la evolución de la posición del pulgar y una mutación de la laringe, que permitió el posterior desarrollo del lenguaje, indujeron a la especie humana a adoptar una mucho más dúctil y flexible estrategia de supervivencia:

la adaptación a los cambios en su entorno por medio de la cultura.

A lo largo de su "evolución" (que no es otra cosa que el resultado de una serie sucesiva de adaptaciones), el hombre ha desarrollado una piel oscura para reducir el daño que produce en el organismo la alta exposición a los rayos solares, o una epidermis casi sin melanina a fin de absorber de la débil luz de las regiones árticas la dosis necesaria de vitamina D; o una mayor cantidad de glóbulos rojos, y esto en los habitantes de las regiones montañosas, con el propósito de compensar la disminución de oxígeno en el aire. Por razones similares existe en algunos grupos humanos la capacidad de digerir la lactosa, mientras en otros resulta dañina.

Estos y otros ejemplos, que no viene al caso enumerar, han sido, en resumen, cambios "naturales". Los demás fueron y son "culturales", desde la fabricación de vestidos y el uso de las pieles animales, para protegerse de las bajas temperaturas, a la fabricación de herramientas, recipientes para el transporte del agua...

La convivencia y el intercambio de bienes y favores (quitar los piojos o aparearse pueden ser aceptables compensaciones por un fruto o una apetitosa isoca) dieron origen a la cultura, conformada en un principio por tabúes, de los cuales el troncal fue el del incesto: al prohibir la unión entre hermanos o parientes muy cercanos, algunos grupos alentaron las relaciones y alianzas con otros grupos. Y éstos ampliaban de ese modo los territorios de caza y colaboraban en la defensa de los parientes atacados por grupos rivales. Los que se habían mantenido endógenos, sin relacionarse con otros, fueron sometidos por grupos más numerosos o padecieron mucho más severamente las calamidades climáticas. Vale decir, la adaptación cultural permitió la convivencia de grupos cada vez más numerosos que, a medida que del primitivo sistema agrícola de tala y quema se iba derivando hacia los complejos sistemas de riego artificial, requerían cada vez más abundantes recursos a su disposición

Desde el principio, desde el uso controlado del fuego y la invención de la primera herramienta, la estrategia de adaptación cultural siguió un patrón consistente en una combinación de innovación tecnológica y homicidio (infanticidio, gerontocidio, femicidio), cada vez que el crecimiento de la población colisionaba con la escasez de los recursos y el agotamiento del medioambiente.

¿Se trató y trata de una estrategia adecuada?

De observarse la historia humana como una unidad, como la gran historia de una especie, la conclusión podría ser afirmativa. Sin embargo, hay distintos elementos a considerar.

El agotamiento de los recursos

Las primeras sociedades complejas surgieron del aprovechamiento tecnológico de un preciado recurso, el agua. Por lo general, se afincaron junto a grandes ríos que experimentaban crecientes regulares: el Nilo en el antiguo Egipto, el Tigris y el Éufrates en la Mesopotamia, el Yang-Tse en China, los ríos y lagunas subterráneas en Mesoamérica y la península de Yucatán. La ausencia de grandes cursos de agua fue compensada con un inteligente y laborioso aprovechamiento de las abundantes lluvias de la gran civilización andina, en América del Sur.

En cada uno de esos casos, a medida que aumentaban la población (y las coacciones y exigencias de las burocracias administrativas y militares necesarias para sostener esos complejos sistemas de producción), las diferentes sociedades apelaron a una misma y cada vez más intensiva explotación de los recursos. El resultado, en la mayor parte de los casos, fue el colapso. Y aquí, una primera enseñanza.

La misteriosa y casi instantánea desaparición del imperio maya, de la civilización babilónica y del portentoso antiguo Egipto, así como la "evaporación" de la civilización de la Amazonia, son ejemplos emblemáticos de que *la apelación al desarrollo de nuevas tecnologías no siempre es la solución más adecuada para resolver la contradicción entre crecimiento de la población y agotamiento de los recursos.*

Pero más allá del colapso de numerosas civilizaciones de la antigüedad y de no pocos imperios de más reciente data, la hipotética gran historia de la especie seguía su marcha, en apariencia, ascendente.

El inconveniente se presenta cuando la sociedad se torna crecientemente global, y la historia de la humanidad queda reducida a la historia de una gran sociedad planetaria, no integradora del conjunto de culturas y sociedades que habitan la Tierra, pero que tiene capacidad de destruirlas. Cuando las estrategias a que esa sociedad apela para resolver el conflicto básico entre necesidades y recursos sigue siendo la misma –la innovación tecnológica–, la especie humana y el planeta mismo están en problemas muy serios. Nuevas tecnologías han permitido solucionar algunos de los problemas provocados por pasadas innovaciones tecnológicas, pero a la vez han generado nuevos problemas. El resultado general ha sido el de aumentar la contaminación del medioambiente, destruyendo los ecosistemas que tan esenciales resultan para la vida en general y para la vida humana en particular. En resumen, nos envenenan y nos envenenamos. Las páginas que siguen pretenden ser una personal y elemental puesta a punto del problema. Las soluciones sólo pueden ser colectivas.

Capítulo 1
La contaminación

"Hay algo fundamentalmente incorrecto en tratar a la tierra como si fuese un negocio en liquidación".

Herman Daly

El fenómeno de la contaminación consiste en la introducción en el ambiente de sustancias exógenas, que provocan que el medio se vuelva inseguro o directamente no apto para su uso humano y animal. Es una alteración negativa, en la mayoría de los casos provocada el hombre. En la actualidad, los agentes contaminantes suelen ir desde sustancias químicas (como plaguicidas o herbicidas) hasta formas de contaminación sonoras, petrolíferas y radioactivas, sin olvidar los efectos de la más elemental actividad humana: la basura.

Todos estos factores pueden producir (y de hecho producen) diferentes daños en la salud, el medioambiente y los *ecosistemas*, término acuñado en 1930 por el botánico inglés Arthur Clapham y por el cual se conoce al conjunto de componentes físicos y biológicos de un entorno determinado. En palabras de su compatriota, el biólogo Arthur Tansley, un ecosistema es "un sistema completo que incluye no sólo el complejo de organismos, sino también todo el complejo de factores físicos que forman lo que llamamos medioambiente".

El concepto de ecosistema implica la idea de que los organismos vivos interactúan con cualquier otro elemento en su entorno local. Así, para comprender el concepto de "ecosistema humano", se haría necesario desmontar la arbitraria separación entre seres humanos y naturaleza, rasgo distintivo de nuestra actual "civilización global". Porque *todas las especies se encuentran ecológicamente integradas unas con otras, incluidos los seres humanos.*

Contaminación y salud humana

La contaminación del aire que respiramos puede llegar a producir la muerte de cualquier organismo vivo, o bien provocar enfermedades respiratorias, como bronquitis, asma y enfisema pulmonar. El enfisema y las bronquitis crónicas están comprendidos dentro de la enfermedad pulmonar obstructiva crónica (EPOC). El aumento de personas afectadas de EPOC se da hoy con la simultánea reducción del consumo de tabaco (tradicionalmente considerado como el principal factor de riesgo). Y ello se explica por el incremento de factores de contaminación atmosférica como el humo negro, el monóxido de carbono (gas inodoro, incoloro y altamente tóxico), el ozono, el plomo o el dióxido de azufre (gas irritante y tóxico liberado en muchos procesos de combustión). Al transformarse en la atmósfera en ácido sulfúrico, el dióxido de azufre es, además, el principal causante de la llamada "lluvia ácida".

La contaminación con ozono incrementa las posibilidades de desarrollar enfermedades respiratorias y cardiovasculares, provocando dolores en el pecho, congestión nasal e inflamaciones de garganta.

La exposición a polvos como el sílex, el cuarzo, el cadmio o el carbón, a vapores de isocianato y disolventes, así como a los vapores de la soldadura, habitual en algunas áreas laborales, también está asociada a la aparición de EPOC

La contaminación del agua también es causa de una enorme cantidad de muertes diarias, particularmente en vastas regiones del Tercer Mundo, debido al no tratamiento de las aguas servidas y los residuos industriales y mineros.

El envenenamiento por mercurio, provocado por factores ambientales o el consumo de alimentos contaminados, especialmente pescados, está asociado a la aparición en los niños de dolencias neurológicas y trastornos de desarrollo, así como la afección de mujeres embarazadas puede provocar defectos congénitos graves en sus hijos. En los adultos, ese envenenamiento se presenta como picazón, ardor, decoloración y desprendimiento de la piel. Su ingesta durante períodos prolongados o una fuerte exposición al vapor de mercurio, pueden causar daño al cerebro y finalmente la muerte. Y el mercurio nos rodea hoy.

Pero hay más. Los derrames de petróleo, además del grave daño medioambiental que producen, son con frecuencia causa de diversos tipos de irritaciones de la piel. La contaminación acústica provoca hipertensión, estrés, trastorno del sueño y sordera. Fetos, niños y bebés, así como personas de edad, son quienes se encuentran en mayor riesgo y resultan los más afectados por la contaminación atmosférica. Lo mismo ocurre con aquellos que padecen trastornos pulmonares o cardíacos.

El plomo y los metales pesados provocan trastornos de índole neurológica, así como existen numerosas sustancias químicas causantes del aumento del número de cánceres, daños congénitos y aun mutaciones genéticas.

En tanto se han ido elevando los niveles de contaminación, se fue reduciendo la capacidad de reproducción humana. Estadísticamente, el resultado del recuento de espermatozoides ha ido descendiendo desde mediados del siglo XX, y cada vez son más numerosos los casos de menopausia precoz en mujeres menores a 40 años, debido a la reducción de su reserva ovárica.

Pocos datos de una larga historia

El hombre ha contaminado el ambiente desde el instante mismo en que comenzó su desarrollo cultural: de acuerdo con los rastros de hollín encontrados en las cavernas, ya el encender hogueras o pequeños fuegos en el interior de las cuevas contaminaba el aire que los antiguos humanos respiraban. Otro tanto podría decirse del método agrícola de tala y quema, que consiste en incendiar porciones de selva a fin de despejar áreas para cultivos y usar las cenizas como fertilizante. No sólo los incendios agreden el medioambiente destruyendo ejemplares de la flora y la fauna. En el lapso de dos o tres cosechas, las cenizas acumuladas forman una capa impermeable que impide la absorción de agua. El área, entonces, se vuelve improductiva, por lo que se hace necesario talar y quemar otra porción de selva. Cuando este método era utilizado por grupos humanos poco numerosos en una región selvática de grandes dimensiones, los efectos no eran catastróficos; la vegetación podía volver a recuperarse, lo que se torna cada vez más dificultoso a medida que va aumentando la población. Hoy, en líneas generales, la capacidad de regeneración de la selva se ha agotado; los animales que lograron sobrevivir buscan nuevos hábitats, y el grupo humano ya no puede subsistir, porque al destruir el medioambiente ha extinguido también sus recursos económicos. En suma, la sustentabilidad de ese método agrícola está en estrecha relación con la cantidad de humanos que se alimentan de él y con la extensión de que dispongan. Y a la larga se torna inevitable el control de la natalidad o la práctica del "homicidio social" en la que, dependiendo de las circunstancias, las víctimas son niños o ancianos.

A estas primeras prácticas de destrucción del medio, siguió el ya muy contaminante forjado de los metales, particularmente por parte de las grandes civilizaciones, tal cual ha podido observarse en el análisis del hielo de los glaciares del hemisferio norte.

Durante la Edad Media, las ciudades europeas se encontraban muy contaminadas debido a la metalurgia, la quema de carbón y, muy especialmente, el tratamiento de los detritos humanos que eran vertidos —o directamente arrojados— en la vía pública, por donde llegaban a los grandes o pequeños cursos de agua junto a los que, desde antiguo, los humanos nos hemos asentado. El tamaño de las ciudades, que crecían desordenadamente, aumentaba el hacinamiento y, en consecuencia, se multiplicaban los efectos de la contaminación por medio de plagas y epidemias. La mortandad y la migración hacia las zonas rurales provocaban la disminución temporal de la densidad poblacional, pero pronto todo volvía a la "normalidad".

Las regulaciones, como la prohibición de quema de carbón en el Londres de 1272, y la construcción de rudimentarios sistemas cloacales contribuyeron a paliar los efectos contaminantes de los detritos humanos y la basura domiciliaria en las calles de las ciudades más grandes, pero conducirlos directamente hacia los cursos de agua aumentó la contaminación de los ríos y las riberas.

Fue con la Revolución Industrial cuando la contaminación se transformó en un serio problema social y medioambiental. El cambio en el sistema productivo dejó a numerosos campesinos y aldeanos al borde de la inanición. Auténticas masas humanas convergieron sobre las ciudades, en las que empezaban a construirse enormes fábricas, y el hacinamiento se volvió un drama cotidiano. La epidemia de cólera que a mediados del siglo xix afectó a Inglaterra, ensañándose especialmente en la ciudad de Londres, fue consecuencia directa de la acumulación de aguas servidas y residuos humanos e industriales, que poco después dio lugar al llamado Gran Hedor del río Támesis. Es fama que, durante el verano de 1858, el aire en la zona central de Londres se volvió irrespirable.

La concentración de grandes plantas industriales y el consumo de carbón y otros combustibles no sólo incrementaron los ya elevados niveles de contaminación del aire, sino que aumentaron el vertido de sustancias químicas, mientras que el sistema de alcantarillado y las plantas de tratamiento de detritos humanos se vieron rápidamente desbordados.

Es imposible hacer aquí una historia detallada del proceso de contaminación de nuestro planeta. Tampoco nuestra sensibilidad o nuestra paciencia la tolerarían. Pero es hora de prestarle atención. Es más, ya se va pasando esa hora.

Algunas formas de contaminación

La contaminación es un problema producido por la misma explotación irracional de la naturaleza, esa que en el pasado provocó la extinción de grandes civilizaciones. Hoy, con el desarrollo industrial y tecnológico, las crecientes tendencias a la concentración económica y los alcances de las catástrofes ecológicas, el problema es global.

Con el más de un centenar de importantes derrames ocurridos desde el hundimiento del *African Queen*, que en 1958 volcó 21,000 toneladas de petróleo frente a las costas de Maryland, Estados Unidos; con el incendio y hundimiento de la plataforma petrolífera Deepwater Horizon, que vertió 779,000 toneladas de crudo en el Golfo de México, son 8,300,494 las toneladas de petróleo derramadas en los océanos del mundo, según ha computado Susan M. Libesde en su trabajo *Introduction to Marine Biogeochemistry*, publicado por Academic Press. Los estragos provocados entre los peces, moluscos, flora y aves marinas, tanto en los mares distantes de los accidentes como en las costas afectadas en forma directa, son incalculables

La fuga de isocionato de metilo (fórmula química utilizada en la elaboración de pesticidas), en la planta que la compañía estadounidense Union Carbide tenía en la India, provocó la muerte directa de entre 8,000 y 25,000 personas en la región de Bophal, antes de esparcirse en la atmósfera.

El accidente en la planta nuclear de Chernobyl (en la actual Ucrania), del sábado 26 de abril de 1986, es considerado uno de los mayores desastres medioambientales de la historia, estimándose que la cantidad de materiales tóxicos y radioactivos liberados fue unas 500 veces mayor que el liberado por las bombas atómicas sobre Hiroshima y Nagasaki. Además de la muerte en forma inmediata de 31 personas, ese accidente provocó la evacuación repentina de 116,000 lugareños y esparció las nubes radioactivas sobre trece países de Europa oriental y central, como Suecia, Finlandia, Austria,

Noruega, Bulgaria, Francia, Suiza, Eslovenia, Italia, además de Rusia, Bielorrusia y la propia Ucrania.

Varios estudios demuestran que la incidencia de cáncer de tiroides en Bielorrusia, Ucrania y Rusia se ha elevado enormemente, y mientras algunos científicos sostienen que los efectos de la radioactividad afectarán a las poblaciones locales durante varias generaciones, el académico y especialista en asuntos ecológicos Alexéi Yablokov asegura que "al menos cinco millones de personas viven en las zonas contaminadas por la explosión en los territorios de Ucrania, Rusia y Bielorrusia".

Para Yablokov, la contaminación humana se debe al consumo de alimentos de origen animal y vegetal afectados por la radiación que persiste en el subsuelo. Asimismo, el dirigente ecologista insiste en que en las áreas contaminadas la mortalidad es hasta un 4 por ciento mayor que en otras regiones, y que en los próximos quince años supondrá la muerte de al menos 300 mil personas.

Las explosiones en los edificios donde se encontraban los reactores nucleares, las fallas en los sistemas de refrigeración, la fusión del núcleo y la liberación de radioactividad al exterior en la Central Nuclear Fukushima 1 fue una de las tantas consecuencias del terremoto y maremoto que afecto a Japón el 11 de marzo de 2011.

Seis días después de la liberación de gases radioactivos al exterior, se detectó yodo radioactivo en el agua corriente de Tokio y, meses después, en la leche y en las espinacas producidas en la vecina región de Ibaraki. El yodo radioactivo, también conocido como radioyodo, puede ser absorbido a través de la comida y los líquidos contaminados, acumulándose en la tiroides, con alta probabilidad de producir anormales crecimientos de la glándula o, más probablemente, cáncer tiroideo radiogénico.

Casi simultáneamente se detectaron en California, a 8.600 kilómetros de distancia, partículas radioactivas procedentes de Japón, que habían atravesado el océano Pacífico, y días más tarde en lugares tan distantes como Finlandia, España y otros países europeos. Si bien en estos casos los niveles de radiación no eran peligrosos, son una prueba evidente de que la contaminación difícilmente queda circunscripta a una región determinada y que, con mayor o menor intensidad, sus alcances son globales.

Para resumir, la contaminación puede afectar a distintos medios o ser de diferentes características. La siguiente es una lista con los diferentes tipos de contaminación, sus efectos y sus contaminantes más relevantes.

+ *Contaminación radioactiva*

Nuestra sociedad comenzó a adquirir alguna conciencia de la necesidad de preservar el medioambiente reduciendo los niveles de contaminación recién a mediados del siglo xx, a raíz de la primera explosión nuclear. A los devastadores efectos locales sobre personas, animales y vegetales de Hiroshima y Nagasaki, siguió un fenómeno que sorprendió a los científicos de la época: la lluvia radioactiva, como se llama a la caída desde la atmósfera de partículas radioactivas originadas por una explosión nuclear. Compuesto de partículas calientes, este polvo puede alterar la cadena alimentaria humana y animal. La contaminación radioactiva puede permanecer en la atmósfera millones de años. Los desechos militares en países dedicados a la fabricación y experimentación de armas nucleares han causado numerosos desastres ecológicos, al igual que los ensayos con armas nucleares, habituales durante la Guerra Fría.

+ *Contaminación atmosférica*

Ella es consecuencia de la liberación aérea de sustancias químicas y partículas que alteran la composición del aire y entrañan un peligro para la salud. Los gases más comunes son el óxido de nitrógeno, el monóxido de carbono y el dióxido de azufre, producidos por la actividad industrial y los motores de combustión interna. Los hidrocarburos aumentan los niveles de esmog, niebla contaminante de graves consecuencias para la salud. Ello causa problemas respiratorios, especialmente en personas que tienen asma, daña las membranas pulmonares y puede provocar cáncer de pulmón en igual o aun mayor medida que el tabaquismo. La contaminación atmosférica puede ser local cuando los efectos afectan sólo las inmediaciones del foco de emisión, o alcanzan un carácter global, por ejemplo, a través de la ya mencionada "lluvia ácida", sedimentación tanto húmeda como seca de contaminantes ácidos. Esta contaminación dificulta el desarrollo de la vida acuática aumentando la mortandad de peces; provoca graves daños forestales; elimina los microorganismos fijadores de nitrógeno; deteriora la superficie de los materiales; corroe las construcciones e infraestructuras, y produce un empobrecimiento de los nutrientes esenciales, provocando estrés en los vegetales, a los que torna más vulnerables a las plagas.

+ *Contaminación hídrica*

La liberación de residuos y contaminantes hacia los ríos penetran en las napas subterráneas y escurren en lagos y mares. Plásticos y otros desechos no degradables se acumulan en los océanos y las costas, y hasta en alta mar, como ocurre con la gran mancha de basura del Pacífico Norte. De un tamaño estimado en 1,400,000 km², esta auténtica isla flotante de basura se encuentra atrapada en las corrientes de giro del Pacífico Norte. Muchos de estos desechos de larga duración terminan en los estómagos de las aves y animales marinos, provocando su muerte. Las medusas comen las toxinas que contienen los plásticos, y a su vez, los peces grandes se comen a las medusas. Muchos se pescarán y serán alimento para los seres humanos, resultando así en una ingestión humana de dichas toxinas. El plástico marino también facilita la propagación de especies invasivas que se adhieren a la superficie de este plástico flotante y se desplazan a grandes distancias, colonizando nuevos ecosistemas.

Un informe de la organización Greenpeace ha demostrado que estos residuos plásticos afectan por lo menos a 267 especies de todo el mundo.

+ *Contaminación del suelo*
Tiene lugar cuando se derraman o filtran productos químicos sobre y bajo la tierra. Entre los contaminantes del suelo más significativos, se encuentran el petróleo y sus derivados, los metales pesados, los aditivos de los combustibles sin plomo, plaguicidas, herbicidas, y el enterramiento de grandes cantidades de basura de las ciudades. Esta contaminación puede afectar a la salud de forma directa y al entrar en contacto con fuentes de agua potable.

+ *Contaminación electrónica*
Producida por las radiaciones generadas por equipos electrónicos u otros elementos resultados de la actividad humana –torres de alta tensión y transformadores, antenas de telefonía móvil, electrodomésticos, residuos de aparatos eléctricos y electrónicos etc.–, es cada día mayor, llegando en algunas regiones a niveles alarmantes, capaces de provocar cambios irreparables en el medioambiente.

+ *Contaminación térmica*
La contaminación puede consistir también en una alteración de la temperatura de un cuerpo de agua causado por la influencia humana, como el uso de agua como refrigerante para plantas de energía nuclear y las plantas productoras de pasta de celulosa. El incremento artificial de la temperatura puede tener efectos negativos para algunos seres vivos en un hábitat específico, ya que cambia las condiciones naturales del medio en que viven. Estos cambios de temperatura provocan un "shock térmico" en los ecosistemas, pues reducen la solubilidad de oxígeno y alteran el metabolismo de los animales acuáticos a tal grado que los lleva a consumir más alimento, reduciendo los recursos del ecosistema.

✦ *Vertido de residuos sólidos urbanos*

Los residuos urbanos son en la actualidad unas de las formas más generalizadas de contaminación. Los vertederos comunes municipales son fuente de sustancias químicas que entran al medioambiente del suelo (y con frecuencia a capas de agua subterráneas), que emanan de la gran variedad de residuos aceptados, especialmente sustancias ilegalmente vertidas, así como descargas de dioxinas. Entre los residuos domésticos, los plásticos son uno de los principales componentes, suponiendo el 7% de su peso total y el 20% de su volumen. Son unos materiales muy resistentes a la degradación que impone la naturaleza y con una vida media muy alta.

Conservar la casa común

Tanta acumulación de datos puede tener dos efectos. Uno, el de alertarnos y volvernos agentes activos del necesario cambio de hábitos, motores de presión a las autoridades gubernamentales de control ambiental para que cumplan su función en pro de la salud colectiva. Otro, anestesiarnos y crearnos la falsa ilusión de que, desde nuestra posición de simples ciudadanos, no es mucho lo que podemos hacer. Este último efecto es tan común como erróneo.

El 24 de mayo de 2015, el papa Francisco firmó su encíclica *Laudato si*, nombre tomado de uno de los párrafos del poema religioso de san Francisco, que escrito originalmente en antiguo dialecto umbro dice:

"Alabado seas, mi Señor, por la hermana nuestra madre tierra, la cual nos sostiene y gobierna y produce diversos frutos con coloridas flores y hierbas…".

El Papa retoma este canto en su espíritu primordial, y transforma ese canto de alabanza en un documento de advertencia ecuménica, es decir, global. Más allá de la pertenencia o no al catolicismo, e incluso por fuera de las posiciones teístas, la encíclica ha sido reconocida como una de las más lúcidas y actualizadas piezas sobre el tema. Queremos cerrar este primer acercamiento a algunos de los datos sobre la contaminación con el siguiente párrafo introductorio de Francisco:

"Después de un tiempo de confianza irracional en el progreso y en la capacidad humana, una parte de la sociedad está entrando en una etapa de mayor conciencia. Se advierte una creciente sensibilidad con respecto al ambiente y al cuidado de la naturaleza, y crece una sincera y dolorosa preocupación por lo que está ocurriendo con nuestro planeta. Hagamos un recorrido, que será ciertamente incompleto, por aquellas cuestiones que hoy nos provocan inquietud y que ya no podemos esconder debajo de la alfombra. El objetivo no es recoger información o saciar nuestra curiosidad, sino tomar dolorosa conciencia, atrevernos a convertir en sufrimiento personal lo que le pasa al mundo, y así reconocer cuál es la contribución que cada uno puede aportar".

Capítulo 2
MUERTE A CIELO ABIERTO

"Nunca jamás en la historia de la minería del mundo hubo un accidente con cianuro".
J. C. Perucca, geólogo y académico argentino

Uno de los conflictos más actuales entre las organizaciones ecologistas y los gobiernos latinoamericanos (del llamado Tercer Mundo en general) se da en torno de los emprendimientos económicos relacionados con la llamada "minería a cielo abierto". En los países de Latinoamérica, es común que, por corrupción, cuando se trata de violar disposiciones legales de protección ecológica vigentes, o sólo por necesidades de importar capitales productivos, los gobiernos cambien la salud de su población a corto, mediano y largo plazo por una ilusoria prosperidad inmediata. Incluso hay empresas multinacionales que ponen en práctica en países periféricos métodos de explotación minera hace rato prohibidos en los países centrales. Veamos un poco cuál es este mecanismo de envenenamiento colectivo.

Una práctica letal

Como dijimos, mediante la contaminación del aire, el agua y los suelos, por medio de metales pesados nocivos y sustancias químicas, la minería a cielo abierto provoca serios daños al medioambiente y, mientras da grandes dividendos a las empresas trasnacionales, ocasiona diversos daños económicos, sociales y culturales a las poblaciones directa o indirectamente afectadas.

La minería a cielo abierto consiste en la remoción de la capa superficial de la tierra para hacer accesibles los yacimientos minerales. Se trata de una actividad de alto impacto ambiental, social y cultural.

Las innovaciones técnicas que ha experimentado la minería a partir de mediados del siglo xx han modificado la actividad en forma sustancial, de modo que se ha pasado del aprovechamiento de vetas subterráneas de gran calidad a la explotación de minerales de menor calidad diseminados en grandes yacimientos de superficie. Gracias a la gran maquinaria, los modernos equipos de excavación, el uso de nuevos insumos y las tuberías de distribución, hoy es posible remover enormes masas de tierra en pocas horas, volviendo rentable la extracción de menos de un gramo de oro por tonelada de material removido.

Las actividades mineras comprenden diversas etapas, cada una de las cuales conlleva impactos ambientales particulares. En un sentido amplio, estas etapas serían las de prospección y exploración de yacimientos, el desarrollo y preparación de las minas, su explotación y el tratamiento de los minerales obtenidos en instalaciones respectivas con el objetivo de obtener productos comerciables.

La minería a cielo abierto devasta la superficie, modifica severamente la morfología del terreno, apila y deja al descubierto gran cantidad de material estéril, produce la destrucción de áreas cultivadas y de otros patrimonios superficiales, y puede alterar cursos de aguas y formar grandes lagunas para el material descartado por lo general, altamente tóxico. Su ámbito de perjuicio ecológico es entonces variado.

Cuando el aire se vuelve letal

En la cadena de pasos que integran la actividad minera, se produce el desprendimiento de elementos tóxicos, en general debido a las sustancias utilizadas en la separación de los minerales. El proceso comienza con el traslado y depósito de dinamita, cuyo uso emana elevadas concentraciones de nitratos y monóxido de carbono, y cuyas víctimas inmediatas son los trabajadores. Su impacto sobre la salud es alto, e incluye síntomas de asfixia, náuseas, episodios de vómito, irritación del tejido pulmonar, decaimiento, pérdida de la conciencia, y puede llegar hasta provocar la muerte. De la excavación y trituración que siguen, se desprenden partículas de polvo, en gran número de casos de naturaleza tóxica y hasta radioactiva, que, según la intensidad de los vientos, pueden ser llevadas a largas distancias.

Una de esas sustancias es el sílice, cristal común que se encuentra en la mayoría de los lechos y forma polvo durante el trabajo con minería. Al ser respirado, éste produce pérdida de flexibilidad y permeabilidad pulmonar, impidiendo así el normal ingreso de oxígeno y la simultánea eliminación del organismo de dióxido de carbono, llegándose a casos en los que se hace indispensable el trasplante de pulmón.

Las alteraciones que provoca la exposición al polvo de sílice son irreversibles, progresivas y degenerativas. Al igual que en los enfisemas y diversos tipos de EPOC, no existe ningún tipo de cura, y a lo sumo, se puede detener su avance no volviéndose a exponer al agente tóxico. La exposición al sílice puede provocar la enfermedad en menos de un año, aunque los síntomas demoran en presentarse entre 10 y 15 años, durante los que, insensiblemente, se van destruyendo las paredes alveolares de los pulmones. A veces, las empresas ya partieron hace años, y el enfermo nota su afección cuando ya es tarde.

Además de cadmio, mercurio, arsénico, plata, azufre, uranio, torio, etc., también el plomo se encuentra en el polvo que genera la explotación minera. Éste es un metal pesado neurotóxico que, cuando está presente en la sangre, circula por todo el organismo. Al llegar al cerebro, provoca daños neurológicos irreversibles. Absorbido por el organismo humano por medio de las vías respiratorias, la piel y la ingestión, muy particularmente a través del agua, es el metal más estudiado por su riesgo ambiental en general y sobre los humanos en particular.

La contaminación con polvo de plomo –saturnismo– afecta al sistema nervioso, produciendo alteraciones de carácter, irritabilidad, insomnio, dificultad en la concentración y hasta disminución de la libido. En los nervios periféricos, ocasiona dificultad en el movimiento de los miembros. Puede ser causal de malformaciones congénitas, abortos, partos prematuros y otras alteraciones en el embarazo y el parto. También puede ocasionar anemia e insuficiencia renal. En las familias mineras, los niños son los más afectados, ocasionándoles pérdida de la capacidad de aprendizaje y retraso en el crecimiento.

Perjuicios en las aguas y en los suelos

Los residuos sólidos finos provenientes del área de explotación pueden dar lugar a una elevación de la capa de sedimentos en los ríos de la zona. Diques y lagunas de oxidación mal construidas o mal mantenidos, o inadecuado manejo, almacenamiento o transporte de insumos pueden conducir a la contaminación de las aguas de superficie, afectando también las napas freáticas: aguas contaminadas con aceite usado, con reactivos, con sales minerales provenientes de las pilas o vertederos de productos sólidos residuales de los procesos de tratamiento, o aguas provenientes de pilas o diques de colado suelen filtrarse hacia las napas subterráneas.

Paralelamente, puede haber un descenso en los niveles de estas aguas subterráneas cuando son fuente de abastecimiento de agua fresca para operaciones de tratamiento de minerales.

En cuanto a los suelos, al implicar la remoción de grandes superficies de tierra, la minería a cielo abierto produce un resecamiento de la corteza en la zona circundante al área de explotación, así como una disminución del rendimiento agrícola y agropecuario. Además de la inhabilitación de los suelos por acumulación del material sobrante, suele provocar hundimientos y la formación de pantanos cuando el nivel de las aguas subterráneas vuelve a elevarse.

Impacto sobre la flora, la fauna y los humanos

La minería a cielo abierto elimina de vegetación el área de las operaciones, así como, debido a la alteración del nivel freático, destruye parcialmente la flora de las áreas vecinas. También suele provocar una presión sobre los bosques existentes en la zona, que pueden verse destruidos por el proceso de explotación o por la expectativa de que éste tenga lugar.

Por su parte, la fauna es perturbada y ahuyentada por el ruido y la contaminación del aire y del agua, y el incremento del nivel de sedimentos en los ríos. Además, la erosión de los amontonamientos de residuos estériles puede afectar particularmente la vida acuática, por no mencionar el envenenamiento por reactivos residuales contenidos en aguas provenientes de la zona de explotación.

Las poblaciones humanas no están exentas de estos perjuicios. Generalmente, los emprendimientos de minería a cielo abierto provocan conflictos por derechos de utilización de la tierra y el agua, y da lugar al surgimiento descontrolado de asentamientos humanos. A la vez, provocan la disminución en el rendimiento de las labores de pescadores y agricultores, debido a envenenamiento y cambios en el curso de los ríos.

Entre otras alteraciones provocadas por la minería a cielo abierto, cabe mencionar los cambios en el microclima, la multiplicación de agentes patógenos en charcos y áreas cubiertas por aguas estancadas.

El cianuro, jinete del Apocalipsis

Si bien se utiliza la minería a cielo abierto para la extracción de diversa clase de minerales, la explotación más usual es la del oro, plata, zinc y cobre, de minerales que los contienen en bajísima proporción, para lo que se utiliza el método de lixiviación –proceso en el cual una o más sustancias químicas son extraídas de un sólido– con cianuro.

Este método permite obtener compuestos cianurados de esos metales, que son solubles en agua y son transportados por ella. Por su bajo costo y alto rendimiento, es el proceso más usado actualmente para la extracción de oro, muy especialmente en América Latina. En tanto los compuestos de cianuro son altamente tóxicos, su uso es uno de los que han sido prohibidos en varios de los países centrales, pero no en los de la periferia.

En el proceso de lixiviación del oro, la concentración usual de cianuro es de 300 a 500 miligramos en cada litro de agua. Para advertir la extrema peligrosidad de este proceso, nótese que, en opinión de la Academia Nacional de Ciencias de Estados Unidos, basta la ingestión de tan sólo 50 miligramos de cianuro para matar a un ser humano en forma casi instantánea. Y aunque esta sustancia se descompone rápidamente bajo el efecto de la luz solar, algunos compuestos derivados pueden persistir durante varios años.

La Organización Mundial de la Salud ha establecido que, para que el agua sea considerada potable, la cantidad de cianuro que contenga no debe exceder de 70 millonésimas de gramo por litro, mientras que concentraciones menores de 50 miligramos pueden tener efectos devastadores en la fauna acuática, destruyendo toda la cadena ecológica y matando desde el fitoplancton hasta los peces.

La minería a cielo abierto utiliza, de manera intensiva, grandes cantidades de cianuro, que –como dijimos– permite recuperar el oro del resto del material removido. Para desarrollar todo este proceso, se requiere que el yacimiento abarque grandes extensiones y que se encuentre cerca de la superficie. Como parte del proceso, se cavan cráteres gigantescos, que pueden llegar a tener ¡más de 150 hectáreas de extensión y más de 500 metros de profundidad!

Pero ampliemos un poco los conceptos sobre la toxicidad del cianuro.

Para las plantas y los animales, esta sustancia es extremadamente tóxica. Los derrames de cianuro pueden matar la vegetación e impactar la fotosíntesis y las capacidades reproductivas de las plantas. En cuanto a los animales, el cianuro puede ser absorbido a través de la piel, ingerido o aspirado. Las concentraciones en el aire de 200 partes por millón de cianuro de hidrógeno son letales para los animales, mientras que concentraciones tan bajas como 0,1 miligramos por litro (mg/l) son letales para especies acuáticas sensibles. Concentraciones subletales también afectan los sistemas reproductivos, tanto de los animales como de las plantas.

Los trabajadores mineros suelen tener contacto asiduo con él, sobre todo durante la preparación de la solución de cianuro y la recuperación del oro de la solución. Para los trabajadores mineros, los riesgos son el polvo de cianuro, los vapores de cianuro (HCN) en el aire, provenientes de la solución de cianuro, y el contacto de la solución de cianuro con la piel.

El impacto sobre la vida silvestre y las aguas

Altamente rentables para las compañías mineras, estas actividades y sus consiguientes procesos con cianuro merecieron un documentado estudio de la National Wildlife Federation de los Estados Unidos, que se dio a conocer en 1992.

Allí leemos, por ejemplo:

"Las minas que utilizan la extracción por lixiviación con cianuro son bombas de tiempo para el medioambiente [...]. A la vez que se extraen millones de toneladas de mineral de minas a cielo abierto y se las trata con millones de galones de solución de cianuro, se trastorna el hábitat de la vida silvestre y las cuencas hidrográficas".

Ello sin duda puede redundar en una multitud de riesgos para la salud y el ambiente.

La misma Wildlife Federation llama la atención sobre la capacidad de "seducción" que los estanques de cianuro ejercen sobre los animales silvestres.

Dice el informe:

"Ha sido registrada frecuentemente la muerte de animales silvestres, en especial aves, atraídos por el señuelo de los espejos de agua de esos estanques. La extensión generalizada de la mortalidad de animales silvestres en las instalaciones que utilizan dicho proceso ha provocado la preocupación del Servicio de Vida Silvestre y Pesquerías de los Estados Unidos".

Luego de la lixiviación, el cúmulo de mineral ya procesado contiene todavía vestigios de la altamente tóxica solución de cianuro, así como de metales pesados concentrados que han sido precipitados del mineral. Muchas operaciones optan por tratar los desechos contaminados con cianuro enjuagando con agua fresca hasta que la concentración de cianuro baja a un nivel inferior al máximo permitido.

Tanto el cianuro como los metales pesados liberados por él constituyen una amenaza para ríos, lagos, napas subterráneas, plantas, peces y la vida silvestre en general.

Los riesgos colaterales

Con el uso del cianuro, el hombre no hace más que ratificar su pertinaz oficio de "aprendiz de brujo". Y es que los hechos no hacen más que contradecir la liviandad de la afirmación del geólogo citado en el epígrafe de este capítulo. Veamos.

Un "accidente" es, por definición, algo no previsto que de todos modos sucede. Los accidentes ocurridos durante el transporte, almacenamiento, procesamiento y disposición final de cianuros han sido numerosos. Éstos son algunos de los casos:

1992-1994. Mina de oro en Summitville (estado de Colorado, Estados Unidos). Filtraciones del dique de colado (aguas residuales del proceso de lixiviación) acabaron con la vida acuática a lo largo de 27 kilómetros del río Alamosa.

1994. Mina Harmony, en Sudáfrica. El estallido de un dique de contención en desuso arrasó con un complejo de viviendas.

1995. En la mina de oro Omai (Guyana), el colapso de un dique vertió en el río Essequivo más de 3,200 millones de litros cargados con cianuro.

1997. La mina de oro Gold Quarry (en el estado de Nevada, Estados Unidos) derramó un millón de litros de desechos de cianuro.

1998. La ruptura de un dique de contención de la mina de zinc Los Frailes, en España, provocó un abundante derrame de ácido, generando mortandad de peces.

En 1998, la mina Homestake (estado de Dakota del Sur, Estados Unidos) derramó siete toneladas de desechos cianurados.

En 1998, un camión que transportaba cianuro a la mina Kumtor, en Kurguistán, volcó en un puente y derramó 1,763 kg de cianuro en el río Barskaun, provocando la muerte de al menos cuatro lugareños y causando gravísimos daños en la fauna acuática.

Un helicóptero de la mina de oro Tulukuma (en Papúa, Nueva Guinea) perdió en vuelo una tonelada de cianuro que cayó en una zona forestal ubicada a apenas 85 kilómetros de Port Moresby, la ciudad capital.

En la minera Santa Rosa (El Corozal, Panamá), además de provocar gran mortandad de peces, un derrame de cianuro puso en serio riesgo la vida de muchas personas.

La mina de COMSUR, en Bolivia, contaminó con arsénico y otros metales pesados el río Pilcomayo.

En 2000, a raíz del derrumbe de un dique de colado de la mina Baia Mare, en Rumania, el derrame de cianuro alcanzó los ríos Lapus y Danubio, extendiendo los daños ambientales directos a importantes regiones de Hungría y Yugoslavia. A raíz de este desastre, el Parlamento Europeo recomendó prohibir el uso de cianuro en la minería.

En 2004, los desechos de la mina de oro Brewer (estado de Carolina del Sur, Estados Unidos) provocaron la muerte de más de once mil peces a lo largo de 80 kilómetros del río Lynches.

Más recientemente, en la mina de oro Veladero –propiedad de la empresa Barrick Gold–, ubicada en la cordillera de los Andes, a 350 kilómetros de la ciudad argentina de San Juan, se produjo un derrame de cianuro por la rotura de una cañería, contaminando el río Jachal, que provee de agua dulce a la localidad homónima y cursa por la provincia de San Juan para luego desembocar en las provincias de San Luis y Mendoza, afectando de esta manera a una innumerable cantidad de personas de tres provincias.

La Asociación de Abogados Ambientalistas de la Patagonia consideró que, al igual que sucede en otras muchas regiones marginales, la compañía Barrick Gold cuenta con "una suerte de patente de corso" en la zona de las Altas Cumbres de la Cordillera de los Andes, pues "no existe contralor alguno" por parte de "funcionarios nacionales o provinciales" y "no se sabe lo que extraen, ni en qué condiciones, ya que sólo se abona al Estado una declaración jurada del propio explotador de la minera".

En resumen, ahora sabemos un poco más de por qué este tipo de explotaciones mineras son tan resistidas en el momento de instalarse, y combatidas cuando ya están en plena actividad. Sumarse a la lucha ciudadana en su contra pasa a ser entonces una cuestión de supervivencia.

Una cuestión más que apremiante.

Capítulo 3
SALUD Y MEDIOAMBIENTE

"Primero, fue necesario civilizar al hombre en su relación con el hombre. Ahora, es necesario civilizar al hombre en su relación con la naturaleza y los animales".

Victor Hugo

Importancia de los ecosistemas

Los ecosistemas son los sistemas que dan apoyo a la vida en el planeta, tanto para la especie humana como para los demás organismos animales y vegetales. Las necesidades de alimento, agua, aire limpio, refugio y estabilidad climática relativa son básicas e inalterables.

El término refiere a un sistema natural formado por un conjunto de organismos interdependientes y el medio físico en que se desenvuelven, que es a su vez determinado por factores geográficos, geológicos y climáticos. No obstante la creencia tan firmemente arraigada en la sociedad occidental, particularmente a partir del siglo XIX, en que imperaron el positivismo y la idea de "dominar a la naturaleza", no existe separación entre un mundo hipotéticamente humano y un mundo natural, al que el hombre sería ajeno. Por el contrario, todos los organismos vivos interactúan con cualquier otro elemento en su entorno. En otras palabras, existe un intercambio permanente entre las diversas partes vivientes y no vivientes de un sistema.

La introducción de nuevos elementos o la supresión de uno de los preexistentes puede llevar al colapso y a la desaparición de una o varias especies, alterando el ecosistema en forma irreparable, si bien existen casos en que un ecosistema ha podido recuperarse, lo que depende de su propia capacidad de recuperación y de la toxicidad del elemento introducido.

Para Arthur Clapham, un ecosistema es el resultado aza-
roso de la suma de las respuestas individuales de los organismos a estímulos recibidos del ambiente, y cuanto más alto
sea el número de especies dentro de un ecosistema, también
lo será el número de estímulos, lo que tiende a amortiguar las
fluctuaciones en cada uno de los factores en particular. A medida que algunas especies desaparecen, van surgiendo otras
que las reemplazan en su interrelación con el entorno. Se
trata, desde luego, de un proceso lento y gradual, signado
por los tiempos de la naturaleza y no de los de ninguna ecuación económica. En suma, la biodiversidad es una condición
favorable para la preservación de la vida, y los ecosistemas
son esenciales para el bienestar humano y muy especialmente
para la salud.

No obstante que, históricamente, la sobreexplotación de
los ecosistemas condujo al colapso de algunas sociedades,
persiste la tendencia, en las sociedades poderosas y saluda-
bles, a sobreexplotar, dañar e incluso destruir su base de apoyo natural y ambiental.

Bienes y servicios

En las sociedades modernas, la decisiva influencia que los bienes y servicios de la naturaleza tienen sobre la salud muchas
veces es indirecta, desplazada en el espacio y en el tiempo, y
en consecuencia escasamente reconocida. Para el doctor Lee
Jong Wook, director general de la Organización Mundial de
la Salud, por ejemplo:

"... los riesgos ya no son simplemente un resultado de exposiciones localizadas a las formas 'tradicionales' de contaminación. Son también el resultado de presiones más amplias sobre
los ecosistemas, desde el agotamiento y la degradación de los
recursos de agua dulce hasta los impactos del cambio climático
global sobre los desastres naturales y la producción agrícola".

Como generalmente sucedió y sucede con los riesgos más tradicionales, los efectos perjudiciales provocados por la degradación de los ecosistemas están siendo padecidos de forma desproporcionada por los pobres. Prosigue Lee Jong Wook;

"Sin embargo, a diferencia de esos peligros más tradicionales, el potencial para sorpresas desagradables, como la aparición y propagación de nuevas enfermedades infecciosas, es mucho mayor".

El complejo sistema de causas determinantes de los estados de salud y morbilidad dificulta que se perciba el nivel de impacto sobre la salud humana que tienen las alteraciones de los ecosistemas.

Las civilizaciones basadas en la agricultura de la Mesopotamia, del valle del Indo, de los mayas, del cauce medio y bajo del Nilo proporcionan ejemplos bien documentados. Las sociedades industriales, aunque en muchos casos más distantes de la fuente de los servicios de los ecosistemas de los cuales dependen, pueden llegar a límites similares, pues la sobreexplotación de los recursos conduce a su degradación.

La presión sobre los ecosistemas puede concebirse como una función de la población, ejercida a través de la tecnología y el estilo de vida, pero estos factores dependen de muchos elementos sociales y culturales. Por ejemplo, el uso de fertilizantes en la producción agrícola es cada vez más dependiente de los recursos extraídos de otras regiones y ha conducido a la contaminación, con basura y residuos químicos, de ríos, lagos y ecosistemas costeros.

A pesar de la función fundamental de los ecosistemas en la preservación de la salud humana, los factores socioculturales desempeñan una función igualmente importante. Ellos incluyen los bienes de infraestructura, el ingreso y la distribución de la riqueza, las tecnologías que se usan y el nivel de conocimiento.

La interacción entre hombre, medio y vida es cada vez más comprendida. Los cambios climáticos pueden crear estrés en la producción agrícola o en la integridad de los arrecifes coralinos y de las pesquerías costeras, lo que puede llevar a la desnutrición de las poblaciones que basan su sustento en la pesca. De igual modo, la deforestación puede alterar los patrones de morbilidad y los climas locales y regionales, afectando potencialmente, con el tiempo, las distribuciones de los insectos transmisores de enfermedades.

El oro verdadero, el agua

Según la Organización Mundial de la Salud, son más de 1,000 millones las personas que carecen de acceso al suministro de agua potable, y 2,600 millones las que carecen de saneamiento adecuado. Esto ha conducido a una extendida contaminación microbiana del agua para consumo humano. En consecuencia, las enfermedades infecciosas asociadas con el agua se cobran más de tres millones de vidas al año, lo que equivale aproximadamente el 6% de todas las muertes en el mundo.

Las inversiones en agua potable y en mejoras del saneamiento demuestran una clara correspondencia con mejoras en la salud y en la productividad económica.

Para beber, cocinar e higienizarse, una persona necesita diariamente entre 20 y 50 litros de agua libre de productos químicos dañinos y de contaminantes microbianos.

El agua dulce es un recurso clave. Se utiliza para cultivar alimentos, beber, lavar, cocinar, y diluir y reciclar desechos. Tan sólo como resultado del crecimiento de la población, la cantidad de agua dulce disponible por persona a escala global disminuyó de 16,800 m³ en 1950 a 6,800 m³ en el año 2000.

Una tercera parte de los seres humanos habitan en países con un estrés hídrico moderado a alto, fracción que aumenta a medida que la población y la demanda de agua per cápita crecen.

La escasez de agua potable es una significativa condición global, que va en aumento. Durante el último medio siglo, tuvo lugar una acelerada descarga de productos químicos artificiales en el medioambiente, muchos de los cuales son de larga duración y se transforman en subproductos cuyos comportamientos, sinergias e impactos no se conocen bien. Un ejemplo de ello es la contaminación con nitrógeno inorgánico de los cursos de aguas continentales, que se ha duplicado a escala mundial desde 1960 y ha aumentado más de diez veces en muchas regiones industrializadas.

La contaminación reduce la capacidad de los ecosistemas para proporcionar fuentes limpias y seguras de agua. El deterioro de la calidad del agua dulce se magnifica en los sistemas cultivados y urbanos (alto uso, variadas fuentes de contaminación) y en los sistemas de tierras secas (alta demanda de regulación del caudal, ausencia de potencial de dilución).

Entre el 5% y posiblemente un 25% del uso mundial de agua dulce excede los suministros accesibles en el largo plazo, suministros que se satisfacen actualmente mediante trasvases hechos con obras de ingeniería o con el exceso de extracción de aguas subterráneas. La mayor parte se utiliza para la irrigación, con pérdidas irrecuperables en regiones con escasez de agua. En la región relativamente seca de África septentrional y en Oriente Medio, hasta un 30% del uso de toda el agua es ya insostenible.

Por su parte, los efectos del cambio climático sobre los recursos hídricos son difíciles de pronosticar, debido a los muchos factores que influencian la precipitación, el escurrimiento y la evapotranspiración. Los aumentos de la temperatura pueden empeorar la calidad del agua, debido a un incremento en el crecimiento de microorganismos y a la disminución del oxígeno disuelto en ella.

Los desastres naturales relacionados con el agua, tales como sequías e inundaciones, también tienen altos impactos en la salud. Y como consecuencia del calentamiento global, es probable que aumente la frecuencia de eventos de precipitación intensa, lo que incrementará la magnitud y frecuencia de las inundaciones. Por otra parte, esas precipitaciones intensas tienden a afectar adversamente la calidad del agua al aumentar las cantidades de agentes contaminantes químicos y biológicos que son repentinamente descargados en los ríos, cuando se sobrepasa la capacidad de los sistemas de alcantarillado y de almacenamiento de aguas residuales.

En algunas regiones, como consecuencia de la mayor evaporación, el cambio climático también puede acrecentar los requerimientos de agua para irrigación. El cambio climático afecta también la distribución y duración de las temporadas de propagación de enfermedades transmitidas por vectores.

Muchas obras de arte, sobre todo en el cine, nos pintan un mundo en guerra por las reservas de agua potable. Hasta hace poco, eran de ciencia ficción. Ya no.

Madera y combustible

También el descontrol en la explotación de la madera contribuyó a la degradación de los ecosistemas y tuvo efectos negativos sobre la salud, particularmente en los países subdesarrollados. Ya se sabe que, desde hace décadas, los países centrales elaboran leyes y políticas de protección de sus medioambientes, y "exportan" hacia la periferia las actividades más contaminantes.

La creciente demanda de madera ha conducido a una acentuada deforestación, particularmente de los bosques tropicales. Con el tiempo, esa deforestación provoca que los ciclos de propagación de las enfermedades transmitidas por insectos y ácaros pasen de los bosques a los ambientes domésticos de pueblos, aldeas, e incluso a las grandes ciudades, aumentando la morbilidad, especialmente en mujeres y niños.

La contaminación del aire exterior está mayormente causada por los combustibles fósiles no renovables para la producción de energía. En las ciudades, esta contaminación conduce al incremento de los niveles de morbilidad y mortalidad, debido a las dolencias cardiorrespiratorias que provoca.

Por otra parte, los combustibles fósiles contribuyen al calentamiento global que, a su vez, tiene impactos negativos sobre la salud humana y la vida en general.

La contaminación del aire en espacios cerrados, por el uso de combustibles sólidos (madera, carbón vegetal y mineral, residuos de malezas, estiércol) para cocinar o calentar ambientes mal ventilados, tiene todavía una enorme incidencia en gran número de muertes y enfermedades. Incidencia que puede advertirse apenas se observa que más de la mitad de la población mundial utiliza combustibles sólidos para cocinar y calentarse. Pero lo mismo se verifica en el ámbito doméstico global; o sea, en nuestro planeta.

En los lugares donde la existencia de madera ha llegado a ser inferior a una demanda siempre creciente, y donde no existen fuentes alternativas de energía, o éstas resultan demasiado caras, se verifican otros impactos sobre la salud, como una mayor vulnerabilidad a las enfermedades por exposición a bajas temperaturas o a la ingesta de alimentos mal cocidos.

El petróleo es, como sabemos, el combustible fósil más utilizado en la actualidad. Y hasta el momento ha resultado arduo su reemplazo por otras fuentes de energía menos contaminantes.

La combustión del petróleo y sus derivados deja productos residuales como óxidos de azufre, óxidos nitrosos y dióxido de carbono, que han venido creciendo a un ritmo sostenido desde finales del siglo xix y en forma peligrosamente acelerada en las últimas décadas del siglo xx. Ellos son responsables del cambio climático, la acidificación de los océanos, y la destrucción de bosques y ecosistemas.

Además de resultar letal para peces y aves, muchos de los compuestos del petróleo son altamente tóxicos y cancerígenos. Por ejemplo, las exposiciones al benceno provocan leucemia y están relacionadas con la aparición del linfoma de Hodgkin y otras enfermedades de la sangre y del sistema inmunitario. Al reducir los leucocitos en sangre, éstas dejan a las personas más susceptibles a contraer diverso tipo de infecciones.

Manejo de nutrientes y desechos

Los ecosistemas son vitales para el reciclado y redistribución de nutrientes, base de la salud de todas las especies animales y vegetales. La perturbación de los ciclos naturales de los nutrientes puede dañar la fertilidad del suelo, lo que tiene como primera consecuencia la disminución de las cosechas. Además, reduce el nivel nutricional de los habitantes, perjudica el desarrollo físico y mental de los niños y, en gran medida, afecta los medios de subsistencia de la población rural.

La acumulación en los cursos de agua de los residuos de los procesos agrícolas, industriales, y aun domésticos, perjudica la salud, debido a las toxinas producidas por la proliferación de algas. Los contaminantes químicos que persisten en los alimentos y en el agua, consecuencia de la liberación en el ambiente de productos tóxicos como los pesticidas, son letales.

La exposición, aun en concentraciones bajas, de DDT, PCB (policloruro de bifenilo) y dioxinas en general causa trastornos endocrinos, interfiere con la normal fisiología humana facilitada por las hormonas, y perjudica la capacidad reproductiva.

Las enfermedades infecciosas son causadas por virus, bacterias y parásitos, generalmente limitados geográfica y estacionalmente por los ecosistemas y las relaciones ecológicas en la naturaleza. Según la Organización Mundial de la Salud, en su informe *Informe de Evaluación de los Ecosistemas del Milenio*, de 2005:

"Los patrones de entrada de los microbios en la especie humana (a veces como mutantes nuevos) son sensibles a las condiciones climáticas y microambientales. Estos factores pueden afectar la propagación de microbios entre los seres humanos, su diseminación más distante y las actividades de organismos vectores (como los mosquitos) implicados en su transmisión. A menudo, los cambios inducidos por los seres humanos en los ecosistemas y en el medioambiente físico alteran estas influencias naturales que se ejercen sobre el ámbito de acción y la actividad del agente infeccioso".

Enfermamos el medio, y nos enfermamos nosotros. El patrón de comportamiento y los tipos y grados de cambio en la incidencia de una enfermedad infecciosa dependen de los ecosistemas que hayan sido alterados, de las transformaciones en el uso del suelo, de los cambios socioculturales y de la vulnerabilidad de las poblaciones humanas. Los riesgos de enfermedades infecciosas aumentan en forma alarmante cuando la actividad humana destruye o invade el hábitat de la vida silvestre (por ejemplo, a través de la explotación maderera y la deforestación) o se alteran la distribución y la disponibilidad del agua por medio de la construcción de represas y acequias.

También contribuyen a la propagación de las enfermedades infecciosas las transformaciones en el uso del suelo, el incremento de las superficies cultivadas, los cambios climáticos, la migración, la urbanización, la resistencia a los pesticidas que se genera en los insectos y agentes de propagación de enfermedades, como consecuencia de la excesiva fumigación, a su vez motivada por la proliferación de agentes debida a la alteración de los ecosistemas. ¿Estamos en un círculo vicioso? Todo parece apuntar a que la respuesta es "sí".

El repunte en el ritmo de aparición de enfermedades infecciosas que se ha verificado en los últimos años se origina, entre otros factores, en la intensificación de la expansión humana en los ambientes naturales, la reducción de la biodiversidad, los "modernos" métodos de producción avícola y ganadera, y el comercio de fauna silvestre (incluida las que se destina a alimento humano).

Para la OMS, otros factores que contribuyen a ese repunte serían:

"... las alteraciones del hábitat que conducen a cambios en el número de sitios de cría del vector o en la distribución del anfitrión; las invasiones del nicho o transferencias entre especies del huésped; los cambios genéticos inducidos por el ser humano en los vectores o patógenos (como la resistencia del mosquito a los pesticidas o la aparición de bacterias resistentes a los antibióticos); y la contaminación del medioambiente debida a agentes de las enfermedades infecciosas".

Como es posible advertir, se trata de un monstruo que se muerde la cola, se alimenta de ella, y su accionar se ve agravado por la introducción accidental y hasta intencional de elementos patógenos.

Un ritmo climático alterado

Los cambios en los ecosistemas, la deforestación y la desertificación alteran las condiciones climáticas regionales, mientras que, a escala global, la alteración se origina en los cambios en la atmósfera debidos también a la actividad humana, como el efecto invernadero.

Los ecosistemas son muy sensibles a las condiciones climáticas y son afectados por las alteraciones en el clima provocadas por el hombre. Si bien la OMS considera que el cambio climático podría tener algunos efectos benéficos para la salud, es razonable conjeturar que la mayoría serán negativos. Algunos de ellos pueden percibirse hoy día y a simple vista, como el incremento de la mortalidad −en especial, de ancianos y niños− debido a las olas de calor.

Pero es también probable que la salud sea afectada en forma indirecta por cambios en la distribución de los ecosistemas productivos inducidos por el clima, así como por la menor disponibilidad de suministros de alimento, agua y energía. Estos cambios ya están alterando los patrones de asentamiento humano, su estado nutricional y la distribución de enfermedades infecciosas.

Los fenómenos meteorológicos extremos (olas de calor, acentuadas sequías, tormentas e inundaciones) y el aumento del nivel del mar debido al calentamiento global tendrán efectos locales y en ocasiones regionales; en algunos casos directos, como las muertes y lesiones; en otros, indirectos, como los daños en la infraestructura, la perturbación de la actividad económica y el desplazamiento de la población. Este desplazamiento, a su vez, conduce al aumento de las enfermedades infecciosas debido al hacinamiento en las ciudades y en barrios de emergencia, por ejemplo, a la escasez de agua potable, al bajo estado nutricional y al impacto que estas penurias puedan tener sobre la salud mental.

Cada año es mayor el número de personas que se lesionan, mueren, o pierden sus hogares a causa de los desastres naturales. Un factor importante de esto es el crecimiento de asentamientos humanos en lugares geográficamente sensibles, tales como zonas costeras y llanuras de inundación.

Diversos estudios han demostrado que la degradación del medioambiente ha reducido la capacidad de los ecosistemas de actuar como amortiguadores contra los comportamientos climáticos extremos. El estrés de los arrecifes de coral, así como la degradación y relleno de los manglares, suelen perder su capacidad de estabilizar las líneas de costa y de protegerlas de los efectos perjudiciales del fuerte oleaje. De igual modo, las lluvias que caen en laderas deforestadas ocasionan deslizamientos de tierra y verdaderos aludes de barro, como el que en 2008 prácticamente arrasó a la ciudad haitiana de Gonaives, provocando al menos 500 muertos.

El informe de la OMS sostiene que, en muchos casos, las únicas tierras disponibles para el asentamiento de las familias y comunidades pobres son altamente vulnerables a los impactos de eventos climáticos extremos.

Obviamente, los seres humanos no suelen asentarse en sitios inadecuados movidos por alguna clase de compulsión masoquista o autodestructiva, sino debido a los aumentos de los valores inmobiliarios, combinados con la sostenida disminución de los ingresos, que sufre en la actualidad la inmensa mayoría de los seres humanos. Es allí donde la economía, la desigualdad social y las políticas inequitativas agravan un cóctel de por sí nada promisorio. ¿O sea que parte de la solución está en nuestras manos? Parte sí, todavía.

Los cambios en los ecosistemas y sus consecuencias para la salud

La estructura y el funcionamiento de los ecosistemas cambiaron durante la segunda mitad del siglo xx mucho más rápidamente que en cualquier otro momento de la historia humana. Pero el proceso no se detendrá ahí: la magnitud de los cambios se incrementa proporcionalmente al crecimiento del tamaño de la población y la intensidad de la actividad económica. En consecuencia, se va agotando la biodiversidad del planeta, produciéndose una pérdida irreversible de especies vegetales y animales, así como la eliminación de ecosistemas enteros que ha tenido lugar en los últimos años.

Mediante la reestructuración y manejo de distintos ecosistemas, las sociedades humanas han logrado aumentos en el bienestar y obtenido beneficios para la salud. Los incrementos de producción de alimentos y muchos otros cambios más significativos inducidos por el ser humano fueron esenciales para satisfacer las crecientes necesidades de agua y alimentación. Estos cambios han ayudado a reducir la proporción de personas desnutridas y a mejorar la salud humana.

Sin embargo, para la OMS:

"... estos beneficios se han alcanzado con costos cada vez mayores: la degradación del 60% de los servicios de los ecosistemas; la acentuación de la pobreza para algunos; e injusticias y disparidades cada vez mayores para ciertos grupos de personas. La intensificación de los métodos de producción de alimento, el mayor uso de la irrigación, la tala de bosques y la explotación intensiva de las pesquerías de captura, han ocasionado pérdidas en los recursos naturales y cambios en las funciones de los ecosistemas".

Habría que añadir que esta alteración y destrucción de los ecosistemas ocurrió de forma irregular, a menudo agravando las desigualdades en el acceso a los servicios de los ecosistemas y contribuyendo aun más a la pobreza.

Según remarca el informe de la OMS del 2005:

"Tanto dentro de los países como entre ellos, la pobreza es un determinante subyacente constante de desnutrición, de falta de acceso a agua segura y saneamiento; y de falta de acceso a servicios públicos importantes para la salud y el bienestar, como servicios de salud, eliminación de residuos, etc. Estos factores adversos tienen consecuencias impresionantes sobre la salud humana, con el costo de millones de vidas cada año".

Al seguir incrementando los niveles de consumo, las poblaciones más ricas ejercen una presión desmesurada sobre los ecosistemas y el medioambiente, pero a raíz de su capacidad de importar recursos y trasladar los riesgos de salud a otras zonas geográficas, son a la vez las menos vulnerables a las consecuencias adversas que tiene su consumo y su actividad económica.

A medida que declina el bienestar, se reducen las opciones de que disponen las personas para regular el uso de sus recursos naturales en niveles sostenibles, lo que lleva a la creación de una espiral de creciente pobreza y mayor degradación de los ecosistemas.

El umbral de recuperación

Para ir cerrando los conceptos anteriores, la explotación cada vez mayor, junto con el aumento del deterioro generalizado de la mayoría de los ecosistemas, es insostenible y muy probablemente conduzca a cambios de naturaleza irreversible.

Cuando los cambios superan un umbral, la recuperación de un ecosistema es lenta, costosa y, en ocasiones, hasta imposible. Pero los umbrales pueden hacerse cada vez más bajos según la actividad humana destruya la biodiversidad y simplifique estos sistemas, reduciendo su resistencia y capacidad de volver al anterior estado natural.

Tanto las personas como los lugares perjudicados por los cambios de los ecosistemas son altamente vulnerables y se encuentran mal provistos para hacer frente a las pérdidas de los beneficios que proveía el medio afectado. En particular, aquellos que carecen de agua limpia y potable, o viven en áreas con rendimientos agrícolas en progresiva disminución, corren serios riesgos de sufrir desnutrición, y se ven expuestos al deterioro del desarrollo físico e intelectual de sus niños.

A esto debe sumarse que, al cambiar las condiciones para las poblaciones de mosquitos, garrapatas y roedores, la deforestación de regiones tropicales y subtropicales favorece la propagación de enfermedades infecciosas, como la malaria, el dengue o el tifus.

En aquellas regiones de tierras secas la combinación de crecimiento poblacional y degradación del suelo ha aumentado la vulnerabilidad humana, tanto frente los cambios económicos como ante las transformaciones del medioambiente. Ocurre que, a menudo, los cambios en los ecosistemas —en especial, si son acelerados y repentinos— se producen a una escala tan grande que sus efectos sobre la salud adquieren proporciones catastróficas y, en general, se originan en la pérdida de biodiversidad y las presiones cada vez mayores sobre el medio natural. Si a esto le añadimos la cada vez más acentuada tendencia a la desigualdad proverbial del actual sistema económico mundial, la suma de situaciones de inseguridad alimentaria, resultado de los cambios climáticos, las deficiencias institucionales y suelos cada vez más dañados, puede dar lugar a conflictos sociales generalizados.

En suma, la lucha por la justa distribución de la riqueza es un elemento más de la lucha ecologista. Esta preocupación signa la encíclica papal ya mencionada, que insiste en una ecología que incluya al hombre. Pero también es parte del discurso de intelectuales, científicos y dirigentes sociales de todo un mundo, que alerta sobre este suicidio colectivo. "Envenenados" sería entonces lo mismo que decir "autoenvenenados".

Capítulo 4
CUANDO LA AGRICULTURA
NOS MATA

"Monsanto no debería realizar ninguna prueba de seguridad de los alimentos biotecnológicos. Nuestro interés se centra únicamente en vender lo más posible. Garantizar la seguridad de estos productos es cosa de la FDA".
Edgar Monsanto Queeny, presidente de Monsanto

De niños dibujábamos los campos arados, tal vez esbozábamos un tractor o simplemente un hombre inclinado sobre un arado rudimentario; en algunos casos, le agregábamos gaviotas volando tras el agricultor y un sol con una sonrisa que cantaba loas a una actividad milenaria y bienhechora. El campesino que labraba la tierra era una suerte de héroe que nos permitía disponer de los frutos de la tierra en nuestra mesa. Pero las poblaciones crecieron, y sus demandas de alimentos también, y el canto bucólico pasó a ser reemplazado por un coro de alarma.

La agricultura intensiva es, en la actualidad, una de las actividades humanas que más contaminación produce. Los causantes de ésta son las sustancias utilizadas para la fertilidad de la tierra y para fumigar los cultivos. A través de las lluvias y de los riegos, estas sustancias contaminan las aguas superficiales y los acuíferos. Y lo malo se extiende.

De acuerdo con la Convención de Estocolmo sobre contaminantes orgánicos persistentes –un acuerdo internacional auspiciado por el Programa de Naciones Unidas para el Medio Ambiente, firmado el 22 de mayo de 2001–, nueve de los doce más peligrosos y persistentes compuestos orgánicos son plaguicidas.

En 2001, una serie de informes compilados en el libro *Fateful Harvest* (ver Bibliografía al final del presente libro) revelaron lo generalizada que está la práctica de reciclar en forma de fertilizantes una variedad de subproductos industriales, lo que trae aparejado la contaminación del suelo con varios metales y sustancias químicas.

Existen en la actualidad unos 70,000 productos químicos sintéticos, cifra que continúa incrementándose año tras año. Los efectos que producen estas sustancias en algunos casos son conocidos, pero en otros es poco lo que se sabe sobre sus consecuencias potenciales sobre los humanos y sobre el medioambiente a largo plazo. El cáncer originado por un producto químico puede, en algunos casos, tardar de 15 a 40 años en manifestarse. Pero hay venenos tan evidentes que no se explica que aún se sigan usando.

DDT. De la sartén al fuego

El hacinamiento y la miseria a que la sociedad industrial condenó a los trabajadores incrementaron la contaminación que ya de por sí había provocado la actividad fabril, lo que se vio agravado por la reaparición de viejas pestes y las consiguientes epidemias. Nuevamente, la respuesta al problema fue tecnológica: el DDT.

El uso del DDT, sintetizado por Otto Zeidler y producido por primera vez en 1874 por el laboratorio alemán Geigy, se popularizó a partir de que el científico suizo Paul Hermann Müller analizara su eficacia como insecticida para combatir la malaria, el tifus, la fiebre amarilla y muchas otras dolencias transmitidas por diferentes artrópodos.

La fumigación con DDT demostró ser un método muy eficaz contra la malaria al prácticamente eliminar del continente europeo el mosquito Anopheles, vector de la enfermedad. Se afirma que gracias al DDT ese mal desapareció de las zonas donde se había vuelto endémico desde los tiempos de la República Romana y la Antigua Grecia; pero corresponde decir que algún crédito habría que darle al secado y relleno de los pantanos en los que el mosquito se criaba.

Por otra parte, debe reconocerse que, en la isla de Ceilán, actual República de Sri Lanka, en menos de 15 años, gracias al DDT, los casos de malaria descendieron de los 2,800,000 casos detectados en 1948 a los 17 registrados en 1963, mientras que en el subcontinente indio, donde la enfermedad provocaba estragos, los cien millones de casos del año 1935 se redujeron a los poco más de 300 mil de 1969. La región de Bangladesh y toda Bengala Occidental fueron declaradas libres de malaria.

Sin embargo, los efectos nocivos del DDT comenzaron a ser analizados tras la aparición, en 1962, del *best-seller* de Rachel Carson *Primavera silenciosa (Silent Spring)*. Allí la autora advierte sobre los perjuicios que los pesticidas provocan en el medioambiente, particularmente entre las aves, y culpa de esa destrucción a la industria química. Mientras algunos científicos lo tildaron de fantasioso, el libro inspiró al movimiento ecologista, que consiguió que el DDT, hasta entonces el pesticida de mayor uso, fuera prohibido por la legislación estadounidense, así como —también en Estados Unidos— motivó la creación de la Agencia de Protección Ambiental (EPA, por su sigla en inglés).

Los grupos ecologistas y parte de la comunidad científica insisten en el potencial nocivo del DDT, al que se acusa de numerosos casos de cáncer.

Al ser una sustancia con baja solubilidad en agua pero con una buena solubilidad en grasas, las toxinas suelen acumularse en los tejidos adiposos, y aparecen con frecuencia en las grasas de la leche materna. Esto, según los niveles de su concentración, puede resultar fatal para los lactantes.

Según la Organización Mundial de la Salud, el DDT afecta a corto plazo, y principalmente, el hígado y los sistemas nerviosos central y periférico, pero resulta más nocivo aun para el ambiente. La exposición esporádica al pesticida provoca fallas en la reproducción y en el desarrollo, perjuicios en el sistema inmunológico y gran mortalidad entre las aves silvestres. La exposición a largo plazo, en cambio, afecta negativamente el hígado y los riñones.

El DDT redujo la producción de fitoplancton, según lo que ha podido analizarse en el mar Negro, el Caspio y el Mediterráneo, afectando seriamente a los peces. También se detectaron altas concentraciones del plaguicida en los moluscos bivalvos; esto, sin ser perjudicial para ellos, vuelve desaconsejable su consumo por parte de peces y humanos.

Una vez incorporada al ambiente, esta sustancia causa efectos tóxicos de difícil control. Al vaporizarse, ingresa a la atmósfera propagándose y alterando el medioambiente. Al perturbar la cadena alimentaria, causa graves daños en vegetales y animales, como es el caso de las aves rapaces que lo incorporan a su organismo por medio de la respiración. Por su insolubilidad en agua, es arrastrado por el viento y las aguas corrientes. El transporte atmosférico a largo alcance está documentado desde que el DDT fue detectado en el Ártico, ¡donde jamás se le fumigó!

Yo gano, todos perdemos

Pero el veredicto sobre esta sustancia no es unívoco.

No son pocos los científicos que afirman que su prohibición ha causado 50 millones de muertes y que defienden su uso basándose en su eficacia, el bajo costo de su preparación y aplicación, y el hecho de que no tenga problemas de patentes. De ahí que se sospeche que detrás de su prohibición (¡siempre la debilidad humana!) se encuentren los grandes laboratorios. Ya caducadas las patentes del DDT y prohibido su uso, se vuelve mucho más redituable reemplazar con él otros pesticidas que sí paguen patente.

Los intereses involucrados son tan enormes como activos los grupos que presionan en favor y en contra de su uso, motivo por el cual ninguno de los diferentes y hasta antagónicos estudios puede ser aceptado en forma concluyente. Pero si hay algo en que todos se muestran de acuerdo es en que el uso del DDT no es inocuo para la cadena alimenticia, aunque es algo que también puede decirse de cualquier otro pesticida químico.

A su vez, V. P. Sharma, en su artículo "The Fallen Angel", publicado en el número 85 de la revista *Current Science*, afirma que una década antes de su prohibición el DDT comenzó a ser reemplazado por nuevos pesticidas, debido a la aparición de cepas de insectos resistentes. Para Sharma, su potencial utilidad resulta dudosa, como ocurre en la India, donde hasta el momento no ha sido prohibido.

La verdad, entonces, ¿dónde está?

Se halla más que oculta; está disuelta en una pugna de intereses cruzados, en los que prima la idea de la ecuación costo-beneficio en términos de precio del mercado y no, como debería ser, en términos biológicos, donde valores y costos debieran analizarse en función de la conservación de la vida.

Los COP nuestros de cada día

Se conocen como Compuestos Orgánicos Persistentes (COP) parte de los contaminantes orgánicos persistentes y compuestos químicos tóxicos (pesticidas, insecticidas organoclorados, herbicidas y PCB). En ningún caso los COP son producidos en la naturaleza, sino que han sido sintetizados a partir de sustancias más simples.

Estos compuestos son altamente tóxicos para los seres humanos. Su concentración es mayor en los seres vivos que en el ambiente que los rodea, a causa de la capacidad animal para absorber grasa. Altamente persistentes, los COP se acumulan a elevados niveles en la cadena alimenticia y son fácilmente transportables, una vez más, por el agua o el aire.

Los pesticidas son sustancias que pueden matar directamente a organismos no deseados, o bien controlarlos, por ejemplo, interfiriendo con el proceso reproductivo. Todos los pesticidas químicos presentan la propiedad común de bloquear procesos metabólicos vitales de los organismos.

La mayoría de estos pesticidas constituyen ingredientes activos organoclorados. Además del DDT del que se habló anteriormente, los COP más usuales son:

+ *Aldrina*, plaguicida prohibido, en todas sus formulaciones y usos, por el Convenio de Rótterdam, por resultar dañino para la salud humana y el medioambiente.

+ *Endrina*, insecticida usado en los cultivos de algodón, maíz, arroz, que también actúa como avicida y rodenticida, por lo que es habitual en el control de ratas y ratones.

+ PCB (acrónimo del bifenil policlorado), un grupo de compuestos químicos organoclorados industriales que constituyen una fuente de preocupación ambiental de gran importancia. Muy persistentes en el medioambiente, se acumulan en los sistemas vivos y, como resultado de las negligentes prácticas de uso, se han convertido en un gran problema de contaminación en muchas partes del mundo. En vista de su toxicidad y sus contaminantes furánicos, los PCB en el medioambiente han sido motivo de preocupación a causa de su impacto sobre la salud humana, en particular si se tiene en cuenta su elevado ritmo de crecimiento y desarrollo.

+ *Dioxinas*. Son un grupo de 75 compuestos, muy resistentes a la degradación, que no existían hasta la década del 40 del siglo xx, pero la industrialización de productos químicos orgánicos, asociada al desarrollo económico, ha originado su aparición en ciertos plásticos, pesticidas e insecticidas. Son básicamente subproductos indeseables de procesos industriales, como la fundición, el blanqueo de pasta celulósica, y la fabricación de algunos herbicidas y plaguicidas.

+ *Furanos.* Son un grupo de 135 compuestos de estructura y efectos similares a las dioxinas, y cuyas fuentes de generación son las mismas. Las dioxinas y furanos tienen varias características comunes: muy tóxicos y activos fisiológicamente en dosis extremadamente pequeñas, no se degradan fácilmente y pueden persistir durante años en el medioambiente. Al ser bioacumulables en los tejidos grasos de los organismos, aumentan su concentración progresivamente a lo largo de las cadenas alimenticias. Por su persistencia, pueden viajar grandes distancias, arrastrados por las corrientes atmosféricas, marinas o de agua dulce, y mediante la migración a larga distancia de los organismos vivos que los han bioacumulado, como en el caso de ballenas y aves.

Glifosato y Agente Naranja

Una mención especial merece el famoso Agente Naranja. Producido por la multinacional Monsanto, fue y sigue siendo un veneno poderoso usado con fines militares como defoliante y popularizado durante la guerra de Vietnam por considerarse mucho más efectivo y letal a largo plazo que el *napalm*, gasolina gelatinosa fabricada entre 1965 y 1969 por la Dow Chemical Company. Vale aclarar que, en ese lapso, Dow Chemical Company produjo napalm para el ejército norteamericano. Después de que llegaran a la opinión pública noticias de sus terribles efectos, la Dow sufrió boicots a sus productos. La dirección de la compañía decidió que su principal obligación era con el gobierno. Mientras tanto, el napalm B se convirtió en un símbolo de la guerra de Vietnam.

Entre 1962 y 1971, el ejército de Estados Unidos roció casi 76 millones de litros de material que contenía herbicidas y defoliantes químicos mezclados con combustible para aviones sobre Vietnam, el este de Laos y partes de Camboya, con el propósito de desertificar tierras forestales y rurales. La guerrilla se quedaba sin cubierta donde protegerse, y al destruir la capacidad de los campesinos para ganarse la vida en el campo, se los obligaba a huir hacia las ciudades controladas por el ejército estadounidense. Se privaba así a los guerrilleros también de su apoyo rural y el suministro de alimentos. Todo cerraba.

Como consecuencia, el gobierno de Vietnam estima que 400,000 personas fueron asesinadas o mutiladas y más de 500,000 niños nacieron con graves malformaciones y defectos. Por su parte, para la Cruz Roja, hasta un millón de personas fueron o son discapacitadas y/o tienen problemas de salud debido al Agente Naranja.

Del Agente Naranja deriva el glifosato que, bajo la marca Roundup, se usa como herbicida no selectivo de amplio espectro. La compañía Monsanto patentó en los países que se lo permitieron una variedad de soja modificada genéticamente para resistir al glifosato conocida como soja RR (Roundup Ready). Según numerosos estudios, el glifosato produce tantos daños como el Agente Naranja.

Según el Movimiento Mundial de Bosques, los herbicidas a base de glifosato pueden provocar en los seres humanos daños genéticos, tumores en la piel, problemas de tiroides, anemia, dolores de cabeza, sangrado de nariz, mareos, cansancio, náuseas, irritaciones de ojos y piel, asma y dificultades respiratorias que, según la frecuencia e intensidad de las exposiciones, pueden llegar al EPOC. Se asegura asimismo que hay una estrecha relación entre la frecuencia del uso de herbicidas en base a glifosato y el aumento de casos del ya mencionado linfoma de Hodgkins, un tipo de cáncer que se desarrolla en los ganglios linfáticos y los órganos que forman parte del sistema inmunológico y del sistema reproductor de sangre del cuerpo.

En dos oportunidades la Agencia de Protección Ambiental de los Estados Unidos encontró que algunos científicos falsificaban deliberadamente los resultados de las pruebas realizadas en los laboratorios de investigación contratados por Monsanto para estudiar los efectos del glifosato. En el primer caso, que involucró a Industry Biotest Laboratories, la agencia declaró después de la investigación sobre "falsificación de datos de rutina" que era "difícil de creer la integridad científica de los estudios cuando se dice que tomaron muestras de los *úteros de conejos machos"*.

En el segundo incidente sobre falsificación de resultados, ocurrido en 1991, el propietario del laboratorio Craven Labs y tres empleados fueron acusados de veinte cargos; el propietario fue condenado a 5 años de prisión y una multa de 50,000 dólares, el laboratorio fue multado con 15.5 millones de dólares, y se le ordenó pagar 3.7 millones en restitución. Los laboratorios Craven habían realizado estudios para 262 empresas, incluyendo los plaguicidas de Monsanto.

"El mundo según Monsanto"

Según la autora de un trabajo con tal título, los daños provocados por las grandes corporaciones van mucho más allá de la toxicidad de los herbicidas. Dice Marie-Monique Robin (en su célebre libro *Le monde selon Monsanto*) que esa empresa "controla las semillas, controla la comida y la vida", y la investigadora francesa la define como "una empresa delincuente" por haber sido:

"... muchas veces condenada por sus actividades industriales, por ejemplo el caso de los PCB, producto que ahora está prohibido, pero sigue contaminando el planeta. Durante 50 años el PCB estuvo en los transformadores de energía. Y

Monsanto, que fue condenada por eso, sabía que eran productos muy tóxicos, pero escondió información y nunca dijo nada. Es más, manipuló estudios para esconder la relación entre las dioxinas y el cáncer. Ésta es una práctica recurrente en Monsanto. Muchos dicen que es algo pasado, pero no es así, es una forma de obtener ganancias que aún hoy está vigente".

Y Robin insiste, en una denuncia tan valiosa como valiente:

"Cada vez que científicos independientes tratan de hacer su trabajo a fondo con los transgénicos, tienen presiones o pierden sus empleos. Eso también sucede en los organismos oficiales de Estados Unidos como la FDA (Administración de Alimentos y Medicamentos) o la EPA (Agencia de Protección Ambiental). Monsanto también es sinónimo de corrupción. Dos ejemplos claros y probados son el intento de soborno en Canadá, que originó una sesión especial del Senado canadiense cuando se trataba la aprobación de la hormona de crecimiento lechera. Y el otro caso ocurrió en Indonesia, donde Monsanto fue condenada porque corrompió a cien altos funcionarios para poner en el mercado su algodón transgénico".

La meta de la empresa sería controlar la cadena alimentaria. Para Marie Monique Robin, "los transgénicos son un medio para esa meta. Y las patentes, una forma de lograrlo." En efecto, la empresa vende el paquete tecnológico completo: semillas patentadas y el herbicida obligatorio para esa semilla, y exige la firma de un contrato por el cual prohíbe conservar semillas y obliga a comprar su producto *Roundup*, impidiendo el uso de un glifosato genérico.

El impacto del uso de transgénicos y de la fumigación intensiva de herbicidas ya no puede ser negado, y su empleo ha sido prohibido en varios países centrales. Al igual que en otros casos, como los de la minería a cielo abierto o la construcción de enormes plantas de fabricación de pasta celulosa, los perjuicios son exportados a los países de la periferia.

Mientras las grandes empresas del sector prometen desde hace décadas que con transgénicos y agrotóxicos se logrará aumentar la producción, acabando así con el hambre del mundo, Robin objeta:

"Argentina es el mejor ejemplo de esa mentira. ¿Qué tal le ha ido con la sojización del país? Ha perdido en la producción de otros alimentos básicos y aún hay hambre. Este modelo es el modelo del monocultivo, que acaba con otros cultivos vitales. Es una transformación muy profunda de la agricultura, que lleva directo a la pérdida de la soberanía alimentaria, y lamentablemente ya no depende de un gobierno poder revertirlo".

La autora sostiene que existe en la actualidad lo que ella llama "la dictadura de la soja":

"¿Quién decide qué se va a cultivar en tal o cual país? No lo deciden ni los gobiernos ni los productores, lo decide Monsanto. La multinacional decide qué se sembrará. Y, para peor, la segunda ola de transgénicos va a ser muy fuerte, con un modelo de agro-combustibles que acarrea más monocultivo. Y, a esta altura, ya está claro que el monocultivo es pérdida de biodiversidad y es todo lo contrario de la seguridad alimentaria. Ya no hay dudas de que el monocultivo, ya sea de soja o para biodiésel, es el camino hacia el hambre".

Entonces, cuando hablamos de responsabilidad humana en el proceso de envenenamiento colectivo, ¿hablamos del ser humano en general o de algunos de nosotros, escudados tras anónima siglas y secretos empresariales, montados en una sed de lucro que cobrará tributo incluso en sus propios hijos y nietos?

Ironía reguladora e intereses

En un número de la revista inglesa *The Ecologist*, la periodista estadounidense Jennifer Ferrara asegura que las leyes que rigen la biotecnología siguen favoreciendo a las empresas agroindustriales y biotecnológicas:

"La falta inicial de un enfoque reglamentario cautelar permitía a las pequeñas empresas biotecnológicas desarrollar y comercializar los productos de la biotecnología a un ritmo acelerado. Mientras tanto, las empresas agroindustriales más grandes, como Monsanto y Ciba-Geigy, se dedicaban a comprar estas pequeñas empresas al tiempo que desarrollaban sus propias investigaciones y operaciones comerciales. Durante ese lapso, Monsanto, Ciba-Geigy y otros gigantes agroindustriales prácticamente llegaron a dominar el mercado mundial de productos alimenticios de la biotecnología, fortaleciendo su dominio en el suministro de alimentos en gran parte del mundo".

Desde su posición de dominio, Monsanto y las otras empresas han promovido algunos reglamentos de apariencia restrictiva, pero únicamente cuando esos reglamentos convienen a sus propósitos comerciales. Ellos obligan a ciertas firmas a presentar a las agencias reguladoras una profusión de costosos datos científicos, desanimando así a las empresas biotecnológicas y semilleras más pequeñas, y proporcionando al público la ilusión de que los nuevos productos son sometidos a evaluaciones rigurosas de seguridad y que, por lo tanto, resultan seguros. Y puntualiza Ferrara:

"Para comprender mejor cómo los alimentos de la biotecnología y los riesgos de seguridad asociados se impusieron en la sociedad norteamericana, basta con mirar la historia del primer producto alimenticio de la biotecnología comercializado a gran escala: la hormona recombinante de crecimiento bovino (RBGH) de la corporación Monsanto".

Diversos estudios han relacionado la hormona del crecimiento producida por la tecnología ADN recombinante, más comúnmente conocida como *somatropina*, con la proliferación de cáncer de mama y próstata en seres humanos, y con graves trastornos de salud en las vacas, incluyendo infecciones en las ubres y problemas reproductivos.

El desarrollo y la aprobación de la somatropina estuvieron signado por los escándalos y las protestas. Pero en palabras de Jennifer Ferrara:

"La adecuada combinación de apoyo gubernamental, investigación privada y millonarios proyectos de marketing, prepararon el terreno para la primera liberación importante de un alimento de la biotecnología en el suministro alimenticio del país".

Los papeles que desempeñaron la Food and Drug Administration (FDA) y Monsanto en el desarrollo, la evaluación de seguridad, aprobación y comercialización de la somatropina llevaron a que se expusiera la sociedad norteamericana a los múltiples riesgos de los alimentos biotecnológicos.

"Estas instituciones ocultaron datos importantes sobre cuestiones de seguridad, taparon preocupantes conflictos de intereses y suprimieron la oposición de quienes hacían las preguntas 'equivocadas' y decían verdades sobre la somatropina".

Aun antes de disponer de datos significativos sobre cómo la leche con hormona de crecimiento podía afectar a la salud, la FDA declaró que era segura para el consumo humano, lo que incluye a los niños, que consumen una cantidad de leche sensiblemente mayor que los adultos, disponiendo de una masa muscular mucho menos desarrollada.

Las puertas giratorias de la Justicia

Lo paradójico se da cuando el sospechoso de un crimen es a la vez el perito consultado por el juez. Y eso se dio con la sustancia arriba mencionada. Según Ferrara, a quien también pertenecen las dos citas siguientes:

"Cuando empezaron a surgir informes de gran importancia sobre cómo la somatropina aumentaba los niveles del factor de crecimiento tipo insulina, IGF-1, en la leche y la posible conexión entre el IGF-1 y el cáncer en los humanos, parecía que la IGF estaba demasiado comprometida como para cambiar de opinión o hacer más preguntas sobre el efecto de este fármaco en la salud humana. En su lugar, la agencia se fió casi exclusivamente de los datos generados por la propia Monsanto —muy criticados por científicos independientes—, para justificar una decisión que había tomado muchos años antes".

Numerosos científicos han pedido estudios más amplios a largo plazo, que nunca se han llevado a cabo. En 1991, un investigador de la Universidad de Vermont, donde Monsanto había invertido casi medio millón de dólares para financiar las pruebas de la somatropina, filtró información sobre los serios problemas de salud que afectaban a las vacas tratadas con rBGH, como mastitis y la parición de terneros deformes.

El científico que encabezaba la investigación ya había hecho numerosas declaraciones públicas ante los legisladores del Estado y los medios de comunicación, y había publicado un informe preliminar que señalaba que las vacas tratadas con rBGH no padecían tasas anormales de problemas de salud, en comparación con las vacas no tratadas.

Durante la investigación que llevó adelante la Oficina de Responsabilidad del Gobierno (GAO) estadounidense, la FDA eludió proporcionar los datos originales de las pruebas de

Monsanto, y la GAO no fue capaz de conseguir datos críticos ni de la Universidad de Vermont ni de Monsanto.

"La GAO concluyó su investigación, preocupada por si Monsanto había tenido tiempo de manipular los datos cuestionados y por si cualquier continuación de la investigación no diera frutos. En un esfuerzo por disipar la preocupación pública, los científicos de la Universidad de Vermont finalmente hicieron públicos datos que demostraban el efecto negativo de la somatropina sobre la salud de las vacas, años después de que las decisiones se hubiesen tomado".

Desde 1979 el doctor Richard Burroughs evaluó las solicitudes de fármacos animales en el Centro de Ciencias Veterinarias de la FDA, hasta ser despedido en 1989. Según el artículo de *The Ecologist*, en 1985 Burroughs encabezó la evaluación de la somatropina en la FDA, "y siguió participando directamente en el proceso de evaluación durante casi cinco años".

Burroughs redactó los protocolos originales para los estudios de seguridad animal y evaluó los datos que los investigadores de la somatropina, incluyendo a Monsanto, entregaban a medida que llevaban a cabo los estudios sobre su seguridad.

En 1991, un artículo publicado por la revista *Eating Well* citaba una descripción, ofrecida por Burroughs, de cambios en la FDA a partir de mediados de los años 80:

"Parecía haber una tendencia hacia la aprobación a cualquier precio. Se transformó de un entorno cuasi-universitario donde existía evaluación científica independiente a un ambiente de 'aprueba, aprueba, aprueba'".

Fue en este ambiente donde la FDA realizó su evaluación de la somatropina, para lo que, en opinión de Burroughs, la agencia no estaba preparada en lo absoluto. Como resultado, el primer fármaco animal de la biotecnología que pasó el proceso de aprobación salía del alcance del conocimiento de la mayoría de los empleados de la FDA. Pero antes de reconocer su incompetencia, en palabras de Burroughs, la FDA "decidió tapar los estudios y las decisiones inadecuados", y los responsables de la agencia "suprimían y manipulaban datos para tapar su propia ignorancia e incompetencia".

El propio Burroughs soportó las presiones de los representantes empresariales que pretendían que la agencia relajase los estrictos protocolos de ensayo, y pudo comprobar cómo las empresas eliminaban a las vacas enfermas de las pruebas de rBGH, manipulando los datos para que desaparecieran los problemas de salud y seguridad.

Cabe decir que Burroughs cuestionó el poco rigor de la agencia y el cambio de su papel de guardián de la salud pública a protector de los beneficios de las corporaciones, criticando ante la comisión investigadora del Congreso estadounidense el comportamiento de la FDA en el caso de la somatropina.

Ya dentro de la agencia, el veterinario había rechazado por insuficientes varios estudios de seguridad patrocinados por las empresas. En consecuencia, sus superiores le impidieron investigar datos aportados por la industria que demostraban posibles problemas de salud causados por la rBGH. Aunque Burroughs tenía una hoja de servicio en la FDA que demostraba ocho años seguidos de buen comportamiento, empezó a recibir informes de su bajo rendimiento hasta ser despedido por "incompetencia".

La FDA no sólo ocultó la evidencia de que la somatropina no resultaba segura, sino que favoreció el producto de Monsanto antes y después de la aprobación del fármaco, asumiendo así el doble y contradictorio papel de regulador y, a la vez, promotor de los alimentos biotecnológicos.

Empleados extraempresariales

Las actividades de la FDA en favor de la somatropina adquieren mucho más sentido a la luz de los conflictos de intereses entre la agencia y la corporación Monsanto. Michael R. Taylor, vicecomisionado de Política de la FDA, redactó las normas para el etiquetado de la somatropina. Estas normas, anunciadas en febrero de 1994, prácticamente prohibían a las empresas lecheras hacer cualquier distinción entre los productos producidos con y sin somatropina. Y para impedir la estigmatización de esa leche, la FDA anunció que las etiquetas sobre los productos sin rBGH debían hacer constatar que no existe diferencia alguna entre la rBGH y la hormona natural.

Volvamos a Ferrara:

"En marzo de 1994, se reveló que Taylor había trabajado durante siete años como abogado en Monsanto. Durante ese lapso había preparado un memorándum para la compañía sobre si sería o no constitucional que los estados impusieran leyes de etiquetado en relación con los productos lácteos que contienen somatropina".

Pero Taylor no era el único responsable de la FDA involucrado en la política sobre somatropina que había trabajado para Monsanto. Margaret Miller, vicedirectora de la Oficina de Nuevos Fármacos Animales de la agencia, había sido científica investigadora en Monsanto, trabajando en estudios sobre la seguridad de la hormona de crecimiento hasta 1989, mientras Suzanne Sechen era la "evaluadora principal" de la rBGH en la Oficina de Nuevos Fármacos Animales entre 1988 y 1990. Antes de llegar a la FDA, como estudiante de postgrado en la Universidad de Cornell, Sechen había realizado investigaciones para varios estudios de la rBGH financiados por Monsanto. Su profesor era uno de los consultores universitarios de Monsanto y un conocido promotor de la somatropina. ¡Todo quedaba entre empleados, beneficiarios y amigos!

Y concluye Jennifer Ferrara:

"Sorprendentemente, el GAO determinó en una investigación de 1994 que la anterior vinculación con la corporación Monsanto de estos funcionarios no suponía un conflicto de intereses. Pero para la gente preocupada por los peligros ambientales y para la salud de las aplicaciones de la ingeniería genética, la 'puerta giratoria' entre la industria de la biotecnología y las agencias reguladoras federales constituye un serio motivo de preocupación".

Capítulo 5
CUANDO COMER ES MORIR

> "El doctor del futuro ya no tratará al ser humano con drogas;
> curará y prevendrá las enfermedades con la nutrición".
> Thomas Edison

Lo seres humanos somos omnívoros, ya que comemos alimentos de origen animal y vegetal, y satisfacemos las necesidades de nuestra nutrición consumiendo una amplia variedad de sustancias. Pero no comemos —ni podemos comer— de todo.

En principio, nos abstenemos de algunos productos por ser biológicamente inadecuados para nuestra especie. Nuestro intestino, por citar un caso, resulta incapaz de procesar grandes cantidades de celulosa. De ahí que todos los grupos humanos, sin excepción, se abstienen de la ingestión de hierba, que es lo ingieren preferentemente los rumiantes. Pero *¿podemos* comer lo que podemos comer?

Lo bueno y no tanto

Además de las limitaciones biológicas respecto de la ingesta de algunos alimentos, existen otras de naturaleza cultural algunas sociedades comen habitualmente (y hasta los encuentran deliciosos manjares) productos que otras detestan y consideran repugnantes. La explicación de este fenómeno no es genética, excepto en algunos casos puntuales, como la capacidad o incapacidad de digerir la leche, que es a su vez relativa. Dice el antropólogo Marvin Harris, en su libro *Good to Eat*:

"Los hindúes de la India detestan la carne vacuna, los judíos y musulmanes aborrecen la del cerdo, y los norteamericanos apenas pueden reprimir una arcada con sólo pensar en un estofado de perro [...]. Las gentes hacen lo que hacen por buenas y suficientes razones prácticas, y la comida no es a este respecto una excepción".

Desde luego, existen distintas interpretaciones acerca de las razones de semejante diversidad de gustos, pero puede decirse que, desde un punto de vista antropológico, los alimentos preferidos son aquellos que presentan una relación entre los costos y los beneficios prácticos más favorable a los alimentos que se evitan.

Los alimentos preferidos reúnen en general más energía, proteínas, vitaminas o minerales por unidad que los evitados. Pero hay otros costos y beneficios que a veces adquieren más importancia que el valor nutritivo: algunos alimentos son muy nutritivos, pero la gente los desprecia (o los descarta) porque su producción exige demasiado tiempo o esfuerzo, o por sus efectos negativos sobre el suelo, el medioambiente y el ecosistema. Dice Harris:

"Las cocinas más carnívoras están relacionadas con densidades de población bajas y una falta de necesidad de tierras para cultivo, o de adecuación de éstas para la agricultura. En cambio, las más herbívoras se asocian con poblaciones densas cuyo hábitat y cuya tecnología de producción alimentaria no pueden sostener la cría de animales para carne sin reducir las cantidades y calorías disponibles para los seres humanos".

Tal sería el caso de la cría de cerdos en las regiones desérticas del Medio Oriente o las llanuras desprovistas de árboles de Escocia e Irlanda donde, por las mismas razones aunque con distintos argumentos, se evita el consumo de cerdo, tan apetecido en las culturas desarrolladas en las zonas selváticas y boscosas.

En el caso de la India, Harris muestra cómo la falta de viabilidad ecológica de la producción cárnica reduce hasta tal punto los beneficios nutritivos del consumo de carne que éste es evitado. Para muchos, quienes piensan que la prohibición religiosa es la causa de la abstención del consumo de carne colocan el carro dejante del caballo, pues sucedió precisamente lo contrario: fueron los graves daños ecológicos y las hambrunas, consecuencia de los hábitos eminentemente carnívoros de la antigua nobleza de la India, las que provocaron el surgimiento del budismo que, con su vegetarianismo, cobró gran popularidad entre las masas de campesinos pobres. Fue recién entonces cuando la nobleza y la religión hindú que ésta practicaba recuperaron su preeminencia, adoptando los hábitos vegetarianos y estableciendo un tabú religioso contra el consumo de carne vacuna.

Sin embargo, a la luz de las distorsiones provocadas por la creciente sociedad global y la internacionalización del capitalismo, es importante remarcar que los costos y beneficios nutritivos y ecológicos no son necesariamente idénticos a los costos y beneficios monetarios medidos en dólares y centavos. Por el contrario, en las economías de mercado, "bueno para comer" suele significar "bueno para vender", independientemente de los resultados nutritivos y las consecuencias ecológicas. Sigamos a Harris:

"La venta de sustitutos solubles de leche materna es un ejemplo clásico en que la rentabilidad tiene prioridad sobre la nutrición y la ecología. En el Tercer Mundo la alimentación de niños con leche maternizada es desaconsejable porque, a menudo, la fórmula se mezcla con agua no potable. Además, la leche materna es preferible porque contiene sustancias que inmunizan a las criaturas contra muchas enfermedades corrientes".

En los medios urbanos y las sociedades industriales, es posible que, al sustituir la leche materna por el biberón, las madres puedan dejar a sus hijos al cuidado de otra persona, mientras trabajan en una fábrica, una empresa o limpiando hogares, pero al reducir el período de lactancia también se acorta el intervalo entre embarazos. ¿Quiénes son los principales beneficiarios de este proceso? Los laboratorios trasnacionales fabricantes de anticonceptivos y los productores de leche maternizada, quienes, con el único propósito de vender sus productos, recurren a campañas publicitarias que inducen a creer erróneamente que las fórmulas químicas son mejores para el bebé que la leche materna.

Cada producto debe insertarse en un sistema global de producción alimentaria, y no hay que olvidar que los alimentos no son sólo fuente de nutrición para la mayoría, sino también de riqueza y poder para una minoría.

Dime qué comes...

La Organización Mundial de la Salud sostiene que las personas deben tener acceso y consumir, además de calorías suficientes, una alimentación variada que incluya proteínas, aceites y grasas, micronutrientes y otros factores nutricionales. Sin embargo, el promedio diario de ingestión de energía ha declinado recientemente en los países más pobres. El consumo inadecuado de energías se ve exacerbado en la alimentación de los pobres, que por lo general es de baja calidad.

En la sociedad global, las poblaciones más pobres suelen obtener los alimentos energéticos de una dieta basada en féculas, con las consecuentes deficiencias en proteínas, vitaminas y minerales, siendo que es sabido que el estado nutricional y las tasas de crecimiento de los niños mejoran con el consumo de una mayor diversidad de alimentos, en especial de frutas y verduras.

Simultáneamente, en la actualidad están surgiendo una epidemia mundial de obesidad y otras de enfermedades no transmisibles, a medida que las poblaciones urbanas adoptan dietas con más energía y menos diversidad de frutas y verduras que las consumidas tradicionalmente.

Muchos países enfrentan en los presentes tiempos una carga doble de enfermedades relacionadas con la alimentación: los desafíos simultáneos de la significativa incidencia de enfermedades transmisibles en comunidades pobres y malnutridas, y un aumento en la incidencia de enfermedades crónicas asociadas al sobrepeso y la obesidad, por lo general en áreas urbanas.

El paso de las dietas rurales tradicionales a las dietas de sociedades cada vez más urbanas, con las consiguientes implicancias sobre la nutrición y la salud, se ha denominado "transición nutricional" o "transición de la dieta".

En los países pobres, especialmente en las áreas rurales, la salud de las personas depende en gran medida de los servicios de los ecosistemas locales productores de alimentos. La producción agregada de alimentos sería en la actualidad suficiente para satisfacer las necesidades de toda la población mundial. Sin embargo, más de 800 millones de personas consumen insuficientes proteínas o calorías para satisfacer los requerimientos mínimos diarios, mientras un número similar se encuentra sobrealimentada, a menudo con dietas que son altas en energía pero poco diversas.

En las comunidades urbanas más ricas, la dependencia de los ecosistemas para el alimento es menos evidente, pero no menos fundamental. La desigualdad nutricional entre ricos y pobres ha sido impulsada sobre todo por factores sociales, aunque en el futuro los factores ecológicos llegarán a desempeñar un papel cada vez más importante.

La desnutrición está estrechamente relacionada con la pobreza. En los países más pobres y con las mayores tasas de mortalidad, entre una sexta y una cuarta parte de la carga de morbilidad se relaciona con la desnutrición materna e infantil. A escala mundial, la desnutrición representa cerca del 10% de la carga de morbilidad, mientras en los países centrales, los riesgos relacionados con la dieta (principalmente la sobrealimentación, en combinación con la inactividad física) son la causa de entre una décima parte y un tercio de la carga de morbilidad, sobre todo debido a hipertensión, enfermedades cardíacas coronarias y diabetes.

Cada modalidad de alimentación condiciona distintos modos de vida, de sobrevida, de padecimientos crónicos y de muerte.

La mesa injusta

Las consideraciones de salud pública deberían tener importantes implicaciones para las políticas agrícolas. La producción local de alimento es de una importancia crítica para eliminar el hambre y promover el desarrollo rural en áreas donde los pobres no tienen la capacidad de comprar el alimento en otras partes.

En regiones como el África subsahariana, las dos terceras partes de la población dependen para su subsistencia de la agricultura o de actividades relacionadas con ella. Al mismo tiempo, el número de personas con inseguridad alimentaria está creciendo de forma acelerada en esas y otras regiones pobres donde la infraestructura subdesarrollada del mercado y el bajo ingreso per cápita impiden que las necesidades alimentarias se satisfagan a través de cadenas globalizadas de producción y suministro de alimentos. En estas áreas, la producción local de alimento es de una importancia crítica para eliminar el hambre y proporcionar seguridad frente al alza de los precios de los alimentos.

Cuando los excedentes de alimentos de las familias se comercializan localmente, dicha producción puede generar empleo y beneficios económicos. La agricultura de subsistencia proporciona así una base nutricional y una red social de seguridad para las familias rurales y mejora la salud, pero se ve creciente amenazada por la expansión de los agronegocios, la gran producción agrícola y la cría intensiva de animales que, contrariamente a lo que se piensa, mientras produce cada vez mayor cantidad de alimento, en realidad aumenta los precios relativos de los productos, tornándolos inaccesibles para grandes masas campesinas privadas de sus tierras e impedidas de producir y, por ende, con ingresos cada vez más menguados.

La creciente demanda de productos de origen animal está siendo satisfecha cada vez más por sistemas intensivos de producción (industriales o sin tierra), en particular de pollos y cerdos. Estos sistemas altamente modificados han contribuido a considerables aumentos en la producción, pero plantean una serie de riesgos para los ecosistemas y la salud humana. Ellos incluyen la generación de altos niveles de desperdicios, una presión creciente sobre los sistemas cultivados para proveer aportes alimenticios, con la consiguiente demanda cada vez mayor de agua y de fertilizantes nitrogenados, y también el riesgo de brotes de enfermedades infecciosas, tales como la encefalopatía espongiforme bovina, el síndrome de dificultad respiratoria aguda (SARS) o la gripe aviar.

En países pobres, el consumo per cápita de pescado ha disminuido en forma sensible entre 1985 y 1997. La presión sobre los ecosistemas marinos está aumentando al punto de que las pesquerías silvestres están cercanas a sus niveles máximos de explotación sostenible, o sobrepasándolos. Las capturas mundiales de pescado han venido mermando desde comienzos de la década de 1990, debido a la sobreexplotación. Las pesquerías continentales, que son particularmente importantes en una dieta de alta calidad para los pobres, también han mermado debido a la modificación del hábitat y la extracción de agua.

Los alimentos silvestres son importantes localmente en muchos países en desarrollo, puesto que con frecuencia ayudan a paliar el hambre ocasionada por situaciones de estrés como las sequías y los conflictos civiles. Además del pescado, las plantas y los animales silvestres son fuentes importantes de alimentación y tienen un valor significativo, aunque esto no se incluye en las formas convencionales de medir la economía.

La capacidad de los ecosistemas de proporcionar fuentes silvestres de alimento está en franca declinación, pues los hábitats naturales se encuentran bajo una creciente presión, y las poblaciones silvestres de plantas y animales son explotadas en niveles no sostenibles.

Contagiándonos de los animales

Importantes enfermedades que afectan la salud humana, como la tuberculosis, la gripe y el sarampión, se originaron siglos atrás después de pasar de especies animales domesticadas, como gallinas, cerdos, vacas, ovejas, cabras, gatos y perros.

Los cambios en las prácticas agrícolas y el relativo respeto al modo de vida natural del animal derivaron a las prácticas intensivas modernas. Ello, más el comercio, el turismo y los acelerados cambios ecológicos, están involucrados en la aparición de nuevas enfermedades y en los rebrotes de las que se creían controladas.

Tal vez una de las zoonosis que genera mayor preocupación en la actualidad sea la gripe aviar, en expansión desde Asia y que estalla en periódicas epidemias.

Se trata de un virus que tiene la potencialidad de mutar, de reemplazarse o de reacordar genes con los virus de gripe que circulan habitualmente en poblaciones humanas y entre las aves silvestres o domesticadas, conduciendo a cepas nuevas, altamente virulentas, con capacidad de transmitirse entre los seres humanos.

Los patrones actuales de producción de carne de aves (que nunca existirían en la naturaleza) y el movimiento internacional de aves y personas facilitan la ampliación y distribución de la enfermedad, y a pesar de la vacunación y la periódica eliminación de las aves infectadas, el riesgo de contagio humano sigue presente.

El virus de Nipah es una nueva zoonosis que causa cuadros graves tanto en animales como en el ser humano. Un brote de la enfermedad fue detectado por primera vez en 1998, en Kampung Sungai Nipah, Malasia. Si bien su huésped natural es un murciélago frutero, en esa ocasión el huésped intermediario fue el cerdo. Desde entonces se han reportado brotes de virus de Nipah en Singapur, Bangladesh e India.

En el hombre, la infección se asocia a un espectro de manifestaciones clínicas que van desde un proceso asintomático hasta un síndrome respiratorio agudo o una encefalitis mortal. En el brote malayo, que mató a más de 100 personas, la cadena causal incluyó una población humana en crecimiento y sumida en un estado general de pobreza, el cambio climático, la tala ilegal, los incendios forestales y la cría intensiva de animales.

En 1997, una intensa y prolongada seca correspondiente a uno de los períodos de la corriente de El Niño, coincidente con el incendio intencional en 1997 y 1998 de grandes secciones del bosque indonesio, particularmente en las regiones de Sumatra y Kalimantán, realizado con el propósito de despejar tierras para extender las llamadas "fronteras agrícolas", provocaron abundante humo y una intensa bruma que se prolongó durante meses, forzando la migración de multitudes de murciélagos. Infectados con un virus hasta entonces desconocido, los murciélagos se trasladaron a la vecina Malasia, donde hicieron contacto con los cerdos criados en forma intensiva. Los cerdos desarrollaron una enfermedad respiratoria, que se propagó con rapidez debido al hacinamiento de los corrales y al estrecho contacto con seres humanos.

Una epidemia de encefalitis japonesa en Sri Lanka ha sido atribuida a la promoción de la cría de cerdos a pequeña escala, en un intento por generar ingresos adicionales entre arroceros. El ecosistema irrigado del arroz aumentó el hábitat para los vectores.

Las enfermedades que afectan a los rebaños y manadas suelen tener un alto costo humano, económico y psicológico, tanto entre los trabajadores que viven de la cría de animales como entre quienes dependen de los animales infectados para su medio de subsistencia.

Así como hay enfermedades infecciosas que se transmiten de los animales silvestres a los seres humanos directamente o por vía de insectos, otras se transmiten entre seres humanos a través de vectores, como en el caso de la malaria.

El primer caso de síndrome respiratorio agudo grave (SARS, por sus siglas en inglés) –un virus hasta entonces desconocido que entró en las poblaciones humanas vía especies silvestres criadas en cautiverio y consumidas como alimento– se detectó en 2002 en la provincia China de Cantón, de donde se propagó muy rápidamente a Hong Kong y Vietnam, y luego a otros países a través de viajes de personas infectadas. La enfermedad ha tenido una tasa promedio de mortalidad global cercana a un 13%, llegando a un 18,2% en Hong Kong y Canadá, según estableció el 19 de abril de 2003 el investigador Henry Niman, de la Universidad de Harvard.

Está claro que el cambio en los ecosistemas, incluyendo una biodiversidad cambiada, influencia el riesgo de transmisión de muchas enfermedades a los seres humanos. Por ejemplo, la propagación de la enfermedad de Lyme –transmitida por una especie de garrapatas– en años recientes obedece al incremento de las poblaciones de roedores.

La alteración o degradación de los ecosistemas suele tener efectos biológicos altamente relevantes en relación con la transmisión de enfermedades infecciosas. Entre las causas pueden mencionarse:

1. Hábitats alterados, lo cual conduce a cambios en el número de sitios de cría de los vectores o en la distribución de los reservorios de las especies huésped.

2. Cambio de la biodiversidad, lo que incluye la desaparición de especies predadoras y cambios en la densidad de la población huésped.

3. Cambios genéticos inducidos por el ser humano en vectores o patógenos de la enfermedad (tales como resistencia del mosquito a los pesticidas o la aparición de bacterias resistentes a los antibióticos).

4. Contaminación del medioambiente por los agentes de las enfermedades infecciosas (como la contaminación fecal de las fuentes de agua).

El mal de la vaca loca

En 1923, el escritor y filósofo Rudolf Steiner, creador de la agricultura biodinámica, la antroposofía, la educación Waldorf y la medicina antroposófica, escribía:

"¿Qué ocurriría si, en lugar de vegetales, las vacas se pusiesen a comer carne? Pues que, entre otras sustancias, se llenarían de ácido úrico y de urato. En lo tocante al urato debo añadir que tiene propiedades muy particulares; entre otras, su gran afinidad con el sistema nervioso y con el cerebro. Si los bueyes, vacas, toros, terneros, ovejas, cabras, etc., es decir los animales herbívoros, comieran carne, directamente el urato aumentaría enormemente en el cuerpo del animal yendo a instalarse preferentemente en su cerebro. Y el buey, la vaca y demás animales herbívoros se volverían locos".

Aunque cueste creerlo, el perturbador interrogante de Steiner se hizo realidad en 1986, cuando en Inglaterra se reportó el primer caso de encefalopatía espongiforme bovina o, más sencillamente "mal de la vaca loca".

Se trata de una enfermedad degenerativa letal del sistema nervioso central de los bovinos, provocada por una proteína infecciosa denominada "prion". Su vía de transmisión es la ingestión de alimentos contaminados con el prion, la administración de fármacos de origen bovino y provenientes de animales enfermos (típicamente, hormona del crecimiento), y posiblemente de madre a hijo. En el hombre, la dolencia es denominada "enfermedad de Creuzfeld-Jacob".

La encefalopatía espongiforme se produce básicamente por alimentar al ganado vacuno con piensos procedentes de harinas hechas con carnes animales. Si bien, como se verá más abajo, existen algunas controversias al respecto, hay general consenso, en los ámbitos científicos, en que la aparición de esta enfermedad estuvo determinada por la alimentación suplementaria del ganado bovino con restos de ganado ovino y caprino (que ya presentaban la enfermedad, denominada *scrapie* y detectada hace más de 200 años en Escocia, pero no se transmitía a humanos).

Alimentar a una vaca, biológicamente herbívora, con harinas de subproductos cárnicos de su misma especie y de otros animales, convirtiéndola en carnívora con el único fin de incrementar su producción —ya de por sí bastante forzada—, es una aberración. También lo es alimentar con cereales, legumbres y otros granos aptos para consumo humano a un animal capaz de digerir las enormes cantidades de celulosa contenidas en los pastizales. Algo (o mucho) no anda bien allí. Y somos los humanos los que lo hacemos andar mal.

La ganadería intensiva ha llevado a estas y otras aberraciones, como el hacinamiento, las infecciones del ganado y una mayor necesidad de medicamentos y pesticidas. Más aun: los pastizales fueron aceleradamente reemplazados por cultivos, y su creciente necesidad —incentivada por un aumento de la demanda de granos para alimentación animal— llevó al alza de los precios.

Esas alzas de precios tienen dos consecuencias, según de quién se trate: mientras para unos implica un incremento de las ganancias, para la mayoría significa una reducción en el nivel de vida y merma de la calidad alimenticia. Por otra parte, las mayores ganancias llevan a una redoblada pulsión por "extender la frontera agropecuaria", ya no a sólo expensas de los pastizales sino también de bosques, selvas y humedales, lo que trae aparejado una aun mayor alteración de los ecosistemas.

De observarse el proceso en su totalidad, en la aparición del mal de la vaca loca, al extravío de haber convertido en carnívoro —y, en algunos casos, hasta en caníbal— a un rumiante, se suman otras concausas y agravantes, como ser:

+ La alteración del sistema inmunológico y las defensas naturales de los animales debido al hacinamiento.

+ La afectación a su metabolismo debido a las hormonas y anabólicos con que muchas veces se busca incrementar su rendimiento.

+ El estrés a que es incesantemente sometido el ganado en los sistemas de cría intensivos.

+ Los pesticidas, herbicidas, fungicidas, insecticidas y abonos químicos con que se tratan los pastizales y campos de plantas forrajeras, que se fijan, al ser ingeridos, en las vísceras y músculos de los animales.

+ Los antibióticos que se les aplica para combatir infecciones repetitivas, que terminan transmitiéndose al hombre cuando consume ese ganado.

Preguntas sin respuesta

Si bien existe consenso, entre la mayoría de los científicos, en que el origen del mal de la vaca loca estaría en la utilización de alimentos de origen animal, muchas preguntas han quedado sin respuesta y hacen que incluso la hipótesis de los priones tenga lagunas, sobre todo en lo que respecta a la causa desencadenante del proceso. El consumo de harinas infectadas tiene, sin duda, un papel importante en la enfermedad, pero, al parecer, esa explicación, por sí sola, no es suficiente.

En ninguna de las granjas ecológicas inglesas se presentaron casos de encefalopatía espongiforme bovina, independientemente de que en muchas de ellas se utilizaba hasta un 20% de piensos convencionales. Los únicos casos presentados fueron en vacas incorporadas de granjas no ecológicas.

En base a sus experiencias personales, Mark Purdey, un granjero ecológico de Somerset, sospechó que las autoridades del Ministerio de Agricultura británico habían pasado por alto un hecho concreto muy importante que podía dar otra respuesta al origen de la enfermedad.

Cuando el microbiólogo Stephen Whatley, director científico del Instituto de Psiquiatría de Londres, publicó un trabajo en la revista *Neuroreport* con los resultados de un estudio en el que demostraba la influencia dramática del insecticida Phosmet sobre las proteínas de los priones, Purdey recordó que, en 1980, el Ministerio de Agricultura obligó por decreto a todos los propietarios de ganado a tratar a sus animales con el insecticida organofosforado denominado, en Inglaterra, Phosmet. Se pretendía entonces eliminar una epidemia de miasis (enfermedad producida por la picadura de una mosca), pero Purdey y otros ecologistas se negaron a utilizar el producto, pues disponían de un tratamiento alternativo muy eficaz y barato que llevaban usando desde hacía años.

Purdley advirtió que la dosis del insecticida recomendada por el Ministerio de Agricultura británico era mucho más alta que la utilizada en otros países como Irlanda o Suiza, lo que se veía corroborado con el tiempo, cuando se analizara la aparición de casos del mal de la vaca loca en Francia. En la región de Bretaña, donde el Phosmet había sido declarado obligatorio, se reportaron los primeros 20 casos de los 28 que se produjeron en todo el país.

Corresponde decir que el doctor Whatley no habló del insecticida como causante de la enfermedad sino de la gran predisposición de los priones a alterarse una vez que entraban en contacto con aquél. Las interpretaciones de Purdey iban en la misma dirección y, tras ponerse en contacto con el científico, financió una investigación con dinero de su propio bolsillo y con la ayuda de algunos amigos. En base a las evidencias encontradas, Whatley concluyó en la necesidad de investigar la posible influencia del uso de los organofosforados en la aparición de la encefalopatía.

La primera reacción del Ministerio de Agricultura fue ignorar el informe, pero ante su difusión se concentró en desautorizarlo sin llevar adelante ninguna investigación

Purdey empezó a investigar la teoría con mayor insistencia al observar la similitud de síntomas entre la encéfalopatía y la intoxicación crónica por organofosforados. Y para demostrar su teoría en forma práctica compró vacas de una granja convencional, las que al cabo de un tiempo desarrollaron la enfermedad. Las trató, junto a su veterinario, como si fuesen afectadas por una intoxicación por organofosforados, comprobando que los animales mejoraban en forma notable.

Por toda respuesta, los técnicos del Ministerio de Agricultura se presentaron en la granja, incautaron los animales y los llevaron al matadero con el argumento de que, en casos de enfermedad, su sacrificio era obligatorio.

Los ataques contra Purdey no se detuvieron ahí y, además de ser tratado públicamente de loco y presentado como lo que el periódico *The Daily Telegraph* describió como "descendiente de una larga línea de excéntricos", le cortaron las líneas telefónicas, su granero se incendió en forma misteriosa, su esposa recibió numerosas amenazas, destruyeron su biblioteca, su abogado y su veterinario murieron en extrañas circunstancias. El propio Purdey falleció en noviembre de 2006 víctima de un tumor cerebral, a los 53 años de edad. ¿No es demasiado?

No pocas personas piensan que en el desenlace de esta historia están los laboratorios, empeñados en descalificar la hipótesis de Purdey y hasta en silenciarlo. Para el profesor, ecologista y biogeógrafo Werner Ulrich:

"... desde el Ministerio de Agricultura británico se ha intentado constantemente desacreditar a Purdey, y las investigaciones efectuadas para corroborar o negar su explicación han sido realizadas muy superficialmente".

Las medidas tomadas por las autoridades europeas consisten en la prohibición del uso de harinas de subproductos en todas las especies domésticas, análisis exhaustivos de todos los vacunos mayores de 24 meses, la reestructuración de empresas procesadoras de subproductos, la incineración de harinas así como de los "materiales de riesgo" (médula espinal, intestinos, cabeza, etc.) que se extraen en los mataderos, el rifle sanitario, la indemnización a los ganaderos, las intervenciones para mantener los precios y amortizar las pérdidas del sector, etc. Y concluye Ulrich:

"No debe extrañarnos que las personas más conscientes se pregunten si, dado el tenor de las medidas adoptadas, la información que se posee es mayor que la que se declara. Y, sobre todo, si no predominará la intención de salvar tanto al sector ganadero como, principalmente, a los laboratorios. Es decir, si no estarán primando los intereses económicos por sobre los humanos".

La anormal cría de animales

La demanda de alimentos a precios bajos, originada en la gradual disminución del poder adquisitivo de los salarios y de los cada vez más altos niveles de precarización laboral (una vez más, se ve la omnipresente incidencia de la injusticia social), ha alterado dramáticamente toda la cadena alimenticia. Más que la calidad, la abundancia, la capacidad nutricional, la salud y la sanidad, se trata de privilegiar la eficiencia, es decir, de producir más a menor costo.

Esta forma de pensar y producir tiene enormes efectos sobre en el medioambiente y la salud de animales y seres humanos.

Existen en la actualidad cerca de 65 mil millones de animales sujetos a la cría y el engorde intensivos, por lo general en condiciones deplorables, insalubres y crueles. Entre ellos destaca el destino de los pollos. Según sostiene el doctor Joseph Mercola, director del Instituto Cornucopia:

"Al ser el pollo una supuesta fuente saludable de nutrición de alta calidad, el hecho de que en los últimos años haya bajado tanto de precio puede parecer una gran ventaja. Sin embargo, hay una gran falla en esta ecuación. Sucede que es virtualmente imposible producir en masa alimentos limpios, seguros y de nutrición óptima a precios bajísimos".

Un galpón promedio de cría y engorde de pollos mide 150 x 15 metros y contiene por lo general unos 30 mil animales, lo que equivale a decir que la densidad es de entre 14 y 16 pollos por metro cuadrado. Éstos son alimentados con una mezcla de maíz y soja transgénica, lo cual se encuentra bastante alejado de la alimentación natural, compuesta de semillas, plantas verdes, insectos y gusanos.

La alimentación no natural agudiza la propagación de enfermedades. Para reducir este riesgo, el del estrés y el de la falta de vitamina D que proporciona la luz solar, se les aplica una batería de antibióticos y hormonas, prohibidos en numerosos países desarrollados. Además de constituir un peligro para la salud de los consumidores, debido a la tolerancia que generan en el organismo, al llegar a lagos, ríos y napas freáticas, los antibióticos contaminan el medioambiente, deteriorando los ecosistemas.

De acuerdo con el *Reporte de las Amenazas Resistentes a los Antibióticos* publicado por el Center of Disease Control and Prevention (Centro para el control y prevención de enfermedades), dos millones de personas en Estados Unidos son anualmente infectadas por bacterias resistentes a los antibióticos, y al menos 23,000 mueren como resultado directo de tales infecciones.

Cornucopia informa además que:

"Por medio de datos reunidos por la Agencia Federal NARMS (Sistema Nacional de Vigilancia de la Resistencia Antimicrobiana), el Grupo de Trabajo Ambiental (EWG) encontró bacterias resistentes a los antibióticos en el 81% de carne de pavo molida; el 69% de costillas de cerdo; el 55% de carne vacuna molida; y el 39% de partes crudas de pollo".

Por otra parte, los alimentos baratos producidos por la cría y el engorde intensivos poseen una base nutricional muy diferente de la de los animales criados en forma natural y, aunque pueden ser económicos en términos monetarios, contienen significativos costos ocultos.

El precio oculto

El informe del Instituto Cornucopia del 7 de julio de 2014 sostiene que los costos ocultos del pollo barato producido por las granjas industriales pertenecen a tres categorías: éticos, ambientales y para la salud humana.

Es posible que muchas personas consideren que los pollos no son lo bastante inteligentes como para poseer derechos o que, en todo caso, es lícito prescindir de ellos en el momento de llevar la comida a la mesa.

"El sistema nervioso de los pollos –dice el citado informe– es similar al nuestro, y cuando les hacemos cosas que pueden herir a una criatura sensible, muestran respuestas conductuales y psicológicas semejantes a las nuestras. Cuando están estresados o aburridos, los pollos exhiben lo que los científicos llaman 'conducta estereotípica' o movimientos inútiles repetitivos, como los animales enjaulados que caminan de aquí para allá".

Los costos ambientales tienen lugar debido a las masivas cantidades de desechos desagradables producidos por las granjas industriales, que alteran y contaminan el ecosistema local. El informe hace referencia a algunas zonas donde los habitantes se ven obligados a combatir olores nauseabundos e infestaciones de moscas, ratas, ratones y parásitos intestinales, así como otras consecuencias dañinas a la salud.

"Tyson –ejemplifica Cornucopia– produce pollo de forma económica porque les pasa muchos de los gastos a otros. Parte del precio lo pagan las personas que no pueden disfrutar el estar en su patio por causa de las moscas y tienen que mantener las ventanas cerradas para evitar la pestilencia. Otra parte la pagan los niños que no pueden ir a nadar en los arroyos locales. También lo pagan las personas que tienen que comprar agua embotellada porque el agua para beber está contaminada. Y el precio también recae en las personas que quisieran poder disfrutar del medioambiente natural con toda su belleza y su diversidad biológica".

En términos usados por los economistas, estos costos son "externalidades", ya que quienes los pagan son externos a la transacción entre el productor y el comprador. Dice el doctor Joseph Marcola, autor del informe de Cornucopia:

"En teoría, para eliminar esta falla del mercado, Tyson debería compensar completamente a todo aquel que se ve afectado por su contaminación. Y entonces su pollo ya no sería tan barato".

Además de los perjuicios en su salud sufridos por quienes, por residir en sus inmediaciones, están directamente expuestos a la contaminación ambiental causada por estas granjas

industriales, el pollo y el huevo producidos en forma intensiva tienen una cuota oculta que paga con su salud quien los
consume. En parte, porque su nutrición es inherentemente
inferior, ya que están contaminados con antibióticos y aumentan el riesgo de contraer una enfermedad alimentaria.

Cornucopia aclara que:

"... el modelo de alimentación industrial también implica
la mezcla de partes de animales (como la sangre, en el caso
citado) de un gran número de ellos, la que es proporcionada
como alimento a muchos otros animales. La carne de éstos a
su vez es nuevamente mezclada en las grandes plantas de procesamiento [...] Toda esta mezcla y contaminación cruzada
permite que los patógenos infecten grandísimas cantidades de
alimentos y es la razón por la que la contaminación de un solo
producto puede extenderse a muchos más y afectar a personas en diferentes regiones".

Las plantas procesadoras son las principales culpables de
la propagación de patógenos. Debido a las regulaciones (que
existen en Europa y Estados Unidos, pero no en la mayoría
de los países de la periferia, mucho más débiles frente al
poder de las grandes corporaciones), las prácticas tradicionales de granjero a consumidor se han vuelto ilegales.

"Ahora –prosigue Cornucopia–, las procesadoras están a
cargo y han dejado fuera la parte de los granjeros, lo que ha
diezmado a las granjas pequeñas y ha creado este caos indus-
trializado y promotor de enfermedades".

Éste es el tipo de seguridad que los organismos de control –aun los de los países avanzados– y las granjas industriales brindan al consumidor, muchas veces mantenido en
la ignorancia por acción de los *lobbies* de la industria y, por
lo general, obligado por razones económicas al consumo de
alimentos baratos.

Y además esos megaemprendimientos son difíciles de controlar.

"Mientras tanto —explica Marcola— el granjero de un criadero pequeño y orgánico se dará cuenta de un problema de salud de uno de sus animales mucho antes de que sea enviado al matadero, y puede tratarlo si es necesario".

Por otra parte, el área de consumo de una granja orgánica es menor al que necesita, y de hecho logra, un megaemprendimiento. Todo está así previsto para que nos envenenemos con mayor regularidad, mayor intensidad, mayor connivencia de las regulaciones. ¿Quiénes son los metidos en un corral sin salida? ¿Sólo los animales? Evidentemente, no.

Alimentos procesados

Los alimentos procesados son abundantes en azúcar, sal, preservantes y otros aditivos, pero sus perjuicios van mucho más allá, pues el procesamiento altera o directamente elimina componentes importantes de la comida, cambiando la manera en que son digeridos y asimilados por el organismo.

A diferencia de la comida sin procesar, compuesta de una mezcla de carbohidratos, grasas, proteínas, fibra, agua y los nutrientes responsables de la sensación de bienestar, los alimentos procesados se limitan a estimular —básicamente a través de los azúcares— la liberación de dopamina. Se trata de un neurotransmisor asociado con el sistema del placer del cerebro, que proporciona sentimientos de gozo, de manera que la sensación de bienestar se obtiene independientemente de que haya o no fibra y nutrientes.

Por otra parte, al carecer de nutrientes, es posible ingerir gran cantidad de alimentos procesados y, al mismo tiempo, estar malnutrido.

Según establece Donna Gates, autora de *The Body Ecology Diet*, al igual que ocurre con los cigarrillos manufacturados, la mayor parte de los alimentos procesados contienen sustancias que vuelven adictivo su consumo y son los principales responsables de la obesidad. Entre ellas, podemos mencionar varios aditivos, como el glutamato monosódico, el jarabe de maíz alto en fructosa, endulzantes artificiales, etc. Por otra parte, los carbohidratos refinados como cereales de desayuno, waffles, pretzels y la mayoría de los demás alimentos procesados se convierten rápidamente en azúcar. Según sostiene la doctora Gates:

"Esto incrementa los niveles de insulina y leptina y contribuye a la resistencia a la insulina, lo cual es el factor principal de casi todas las enfermedades crónicas y condiciones conocidas por el hombre, incluyendo el aumento de peso".

Pero Gates va más allá: los procesados fomentan el desequilibrio del organismo, asegura.

"Los microorganismos que viven en el tracto digestivo forman un ecosistema interno muy importante que influencia numerosos aspectos de la salud".

Al suprimir la microflora, los alimentos procesados interrumpen este ecosistema interno, provocando trastornos y enfermedades digestivas e induciendo antojos.

Una dieta compuesta de una alta proporción de comida procesada llega a provocar cambios en el estado de ánimo y trastornos de la memoria.

Fáciles de comer, estos "alimentos" son sumamente aptos para ser engullidos con mucha rapidez, o mientras se realizan otras tareas. Comer a mucha velocidad o hacerlo distraído en otras actividades induce a la pérdida de contacto con las señales que emite el organismo para avisar que ya ha recibido alimento suficiente. Además de dificultar la digestión, el resultado es el exceso de alimento y el consiguiente aumento de peso.

Que un alimento procesado lleve una etiqueta que indique que se encuentra "libre de azúcar" o es "natural" no implica que sea sano o siquiera nutritivo: puede estar genéticamente modificado, contaminado con pesticidas o hecho con jarabe de maíz, aditivos, preservantes y numerosos ingredientes artificiales.

La modificación genética de los alimentos puede incrementar el riesgo de infertilidad y malnutrición.

Resultan al parecer ideales para el frenético ritmo de vida de la actual sociedad occidental: pueden preservarse durante muchos años en un armario, dentro de sus correspondientes envases. Esto se debe al cóctel de químicos, preservantes y otros aditivos artificiales, en gran parte nocivos o, al menos, no benéficos para la salud.

Cáncer y carnes procesadas

La Agencia Internacional de Investigación sobre el Cáncer, establecida hace 50 años a través de una resolución de la Asamblea Mundial de la Salud y dependiente de la Organización Mundial de la Salud, clasifica como "cancerígeno" el consumo de fiambres, hamburguesas y salchichas por encima de los 50 gramos diarios de esos productos con carne procesada.

En 2014, un comité asesor internacional le recomendó a la Agencia que evaluara la evidencia científica sobre la asociación entre el consumo de carnes rojas y procesadas y cáncer, por lo que, durante cuatro años, entre 2006 y 2010, se analizaron los hábitos de consumo de unos quinientos mil hombres y mujeres británicos de 40 a 69 años. En el caso de los fiambres y otras carnes procesadas, la investigación encabezada por el profesor Tim Key y la doctora Kathryn Bradbury consideró que existe suficiente evidencia para afirmar que su consumo causa cáncer colorrectal, una enfermedad que se lleva la vida de más de 640,000 personas por año en el mundo. Al considerar la evidencia científica, lo expertos de la Organización Mundial de la Salud clasificaron las carnes procesadas en el grupo 1, en el que también están incluidos el consumo de tabaco (en cigarrillos, pipas y otras formas), los rayos UV, el alcohol y la exposición al amianto.

En su informe de 2002, llamado *Dieta, nutrición y prevención de enfermedades crónicas*, la OMS ya había recomendado limitar el consumo de carnes procesadas y rojas porque son factores de riesgo de enfermedades cardiovasculares y de obesidad.

El panel de expertos también clasificó el consumo de las carnes rojas como "probablemente cancerígeno para los humanos", basándose en que existe evidencia limitada sobre ese tipo de carnes.

La Agencia aclaró que "las clasificaciones describen la fuerza de la evidencia científica sobre un agente de ser una causa de cáncer, más que de evaluar el nivel de riesgo", explicando que la cocción de la carne procesada produce sustancias químicas, como "aminas aromáticas heterocíclicas" y otras, que también se encuentran en algunos otros alimentos y en la contaminación del aire.

Según precisó Kurt Straif, uno de los responsables de la Agencia:

"Para un individuo, el riesgo de desarrollar un cáncer colorrectal a causa de su consumo de carne procesada es débil, pero ese riesgo aumenta en función de la cantidad de carne consumida".

Para la doctora Lorena Allemandi, directora de Políticas de Alimentación Saludable de FIC Argentina:

"... el 40 por ciento de los cánceres a nivel mundial son producto de la alimentación inadecuada. El consumo excesivo de alimentos procesados que presentan altos contenidos de azúcar, grasas y sal suele asociarse con las enfermedades cardiovasculares, pero es importante documentar también su relación con la incidencia del cáncer. Si bien la clasificación de la agencia de la OMS no presenta recomendaciones específicas, da cuenta de la necesidad de reducir el consumo de productos procesados".

Los científicos basaron su análisis en lo que las guías oficiales consideran "una porción"; son 70 gramos de carnes rojas o procesadas. Si tomamos en cuenta que el peso promedio de una hamburguesa es de 200 gramos, con una sola por semana prácticamente se alcanzarían las "cuatro porciones" que el estudio señala como riesgosas. Y dice María Neira, directora en la OMS:

"El secreto consiste en respetar lo que se conoce como 'pirámide nutricional', en cuya base están los alimentos que se pueden consumir todos los días (frutas y verduras) y que en la parte superior está formada por productos que se deben tomar de forma más moderada o esporádica, como las carnes procesadas y las rojas".

Pero con el ritmo de vida actual, el bombardeo publicitario y la oferta cercana a los medios de consumo, ¿en qué medida es probable adoptar una alimentación adecuada?

En definitiva, bebemos, respiramos y consumimos veneno, cada día, todos los días. Algunos de ellos, ni sabemos que forman parte de nuestra dieta, porque son meros "aditivos".

Aditivos y conducta

Los aditivos son sustancias químicas (y algunas naturales) que se utilizan en la elaboración y preservación de un alimento. En la sociedad actual, la mayoría de los alimentos que ofrece el mercado y que encontramos en supermercados y tiendas contienen aditivos, pues se han vuelto imprescindibles en la industria alimenticia. Como ejemplo de esto, podemos mencionar las margarinas, los jugos en polvo y líquidos, las mermeladas y salsas de tomate, los productos de confitería, helados, sopas en polvo, alimentos instantáneos, productos *light* o *diet*, enlatados, etc. La lista de alimentos que contienen aditivos es bastante larga, y la mayoría de las personas ha adecuado su alimentación a sustancias aditivas, sin pensar que su consumo produce daños al organismo a mediano y largo plazo.

Un estudio realizado entre 1999 y 2000 por el Centro de Investigación de Asma y Alergias, del Reino Unido, reveló que existe una relación entre los colorantes en los alimentos y abruptos cambios de comportamiento en niños. Se analizó en un mes a 277 menores de 3 años. Durante dos semanas, los pequeños bebieron jugo de fruta dosificado con un total de 20 mg de tartrazina, sunset yellow (E110), carmoisine (E122) y ponceau 4R (E124), y el preservativo benzoato de sodio (E211). En las otras dos semanas, los niños bebieron un jugo de fruta de placebo, idéntico en la apariencia pero sin los aditivos.

La dosis administrada estaba bajo los niveles permitidos en la comida y la bebida para niños. Los padres informaron que los menores tenían problemas de concentración, dificultad para dormir, jugaban nerviosamente y tenían rabietas temperamentales. Los investigadores concluyeron:

"Algunos cambios significativos en los comportamientos de niños hiperactivos podrían obtenerse si se les privara de alimentos que contengan aditivos tales como colorantes y saborizantes en su dieta".

Otro estudio fue realizado por pediatras del Royal Children's Hospital, de Melbourne, Australia. Luego de administrar alimentos que contenían tartrazina a niños sanos, analizaron los cambios de personalidad, demostrando que se tornaban irritables, inquietos y con trastornos del sueño (pesadillas e insomnio). Según su informe:

"A mayor dosis de colorante, más intensos y prolongados fueron los cambios conductuales, y después de eliminar la ingesta de los alimentos que tuvieran dicho colorante, mejoraron su comportamiento".

Hoy, miles de productos alimenticios con componentes censurados por la Organización Mundial de la Salud (OMS) circulan por kioskos, almacenes y supermercados, con atractivos envoltorios o calcomanías de regalo, con cupones para adquirir pequeños pedazos de plástico o para participar en diversos concursos, porque su "mercado-objetivo" son los niños.

Colorantes

Al prescindir, por razones de mercado y precio, de los nutrientes naturales –un postre de frutilla (o fresa) no contiene ni una frutilla, así como un helado de chocolate difícilmente contenga una pizca de cacao–, los saborizantes y los colorantes se vuelven ingredientes esenciales para la elaboración de los alimentos procesados.

Así, la tartrazina es ampliamente utilizada en la industria alimentaria para obtener tonos amarilloanaranjados que, al mezclarse con otros colorantes como el azul brillante (E133) o el verde S (E142) da lugar a diversos tonos de verde, útiles para restaurar los colores de algunas verduras enlatadas, empleándose también en la coloración de helados, postres, salsa de menta, ingredientes de repostería, caramelos, gelatinas, refrescos, bebidas alcohólicas, bebidas energéticas, papas fritas, palomitas de maíz, salsas, mostaza, colorantes para arroz, etc.

Mientras el empleo del colorante verde S (E142) en sustancias alimenticias ha sido prohibido en Estados Unidos, la tartrazina, responsable de la aparición de cuadros de alergias, migrañas, hiperquinesis e insomnio en los niños, se encuentra prohibida en Noruega y está limitada en el Reino Unido.

En la Unión Europea, los alimentos procesados que contienen tartracina deben incluir en su etiquetado, además de una indicación explícita de su presencia, una leyenda donde se lea claramente: "E-102 (o tartracina): puede tener efectos negativos sobre la actividad y la atención de los niños".

El amarillo crepúsculo, amarillo ocaso o amarillo 6, de color naranja claro, que se utiliza en la fabricación de varios productos alimenticios de consumo masivo, como galletas, productos de pastelería, sopas instantáneas, batido de chocolate, harina para rebozar, o mermelada de damasco, en altas concentraciones, provoca lesiones renales.

El carmín de índigo (denominado también indigotina), de color azul, empleado para lograr colores violáceos, en caramelos, bebidas y helados, suele producir hiperactividad.

Para lograr el color rojo y los rojos amarronados, la industria utiliza la *azorrubina*. Se la encuentra en las diversas clases de chocolate, la repostería industrial, las salsas emulsionadas, en la coloración de mazapán, en las salsas emulsionadas, los refrescos, etc.

En 2009 la European Food Standards Agency (EFSA) sometió a revisión la ingesta diaria de azorrubina, debido a la aparición de casos de trastorno de conducta e hiperactividad vinculados a su consumo en alimentos que contenían este colorante.

¿Qué comemos cuando comemos "chocolate", "fresa" o "limón"?

Antioxidantes y saborizantes

Los antioxidantes se utilizan como conservantes de los alimentos procesados, porque demoran las reacciones de oxidación. Los más usados son:

El *hidroxibutilanisol* se acumula en la grasa corporal, causa daños en el sistema digestivo, cáncer, y distorsiona el equilibrio hormonal.

Debido a la presión de la industria, su uso ha podido ser prohibido únicamente en Australia y Japón. Por sus efectos nocivos, la cadena McDonald's lo eliminó de sus productos, pero sólo en Estados Unidos.

La *butil hidroquinona terciaria*, conocida como antioxidante E-319, es un compuesto aromático que se utiliza como conservante para aceites vegetales, goma de mascar, papas fritas, galletas y grasas animales no saturadas. La comisión del *Codex Alimentarius* de la Organización Mundial de la Salud ha establecido los límites máximos permitidos entre 100 y hasta 400 mg/kg, dependiendo de los alimentos en que se agrega. Un gramo puede causar náuseas, vómitos, zumbido en los oídos, delirio, sensación de asfixia, etc., mientras una dosis de 5 g es directamente letal.

El BHT o *hidroxitolusol butilado* se encuentra presente en galletas, papas fritas, chesters, doritos, chizitos, etc. Ha provocado la aparición de tumores cancerosos en ratas de laboratorio, aumenta el colesterol en la sangre, produce alergias, hemorragias y daños hepáticos en altas concentraciones.

El *glutamato monosódico* es muy utilizado para aderezar carnes rojas, pescados, carnes blancas, diversas verduras, salsas, sopas y marinados. Algunas consecuencias de su uso, probadas en ratas de laboratorio, son trastornos visuales, alteración del funcionamiento de los canales de calcio en la membrana celular, alteración del hipotálamo y, en consecuencia, de los sistemas que regulan el apetito, generando adicción, tolerancia por el compuesto y tendencia a la obesidad.

El *nitrito sódico* se emplea como conservante y principalmente fijador del color rosado característico de los productos cárnicos. Estudios realizados por las autoridades sanitarias de Estados Unidos a finales de los años 1970 demostraron que su empleo como aditivo alimentario provoca cáncer en animales de laboratorio y, por consiguiente, podría ser cancerígeno en seres humanos.

Colores, sabores, texturas, todo el mundo real en materia de alimentación es hoy reemplazado por un mundo químico y virtual, que acrecienta ganancias corporativas y perjudica la salud. La de millones y millones de seres humanos, envenenados todos, alrededor del ancho y globalizado mundo.

Capítulo 6
HACIA UN DESARROLLO
SUSTENTABLE

"Alabado seas, mi Señor, por la hermana nuestra madre tierra, la cual nos sustenta, y gobierna y produce diversos frutos con coloridas flores y hierba…".
San Francisco de Asís

Dada la brevedad de estas páginas, intentaremos ya ir replanteando los temas tratados en vistas a una mirada totalizadora, y amparados en el parecer de organismos internacionales y voces mucho más autorizadas que la nuestra. El objetivo es transmitir la convicción de que, si estamos física y hasta mentalmente y, en parte, espiritualmente envenenados (contaminados), la solución aún está en nuestras manos.

En efecto, un control definitivo de la contaminación (que agota los recursos medioambientales) supone la adopción de una economía de desarrollo sustentable, capaz de asegurar que los recursos para las presentes generaciones estén disponibles sin comprometer el desarrollo de las futuras.

El cuidado de la casa común

De acuerdo con el Programa 21 aprobado en la Conferencia de las Naciones Unidas sobre el Medio Ambiente y el Desarrollo (CNUMAD), que se reunió en Río de Janeiro del 3 al 14 de junio de 1992, éste se debe cumplir en sus tres ámbitos de importancia: la ecología, la economía y la sociedad.

El Programa recomienda el fortalecimiento del papel del las organizaciones no gubernamentales en la búsqueda de un desarrollo sustentable, el reconocimiento y fortalecimiento del papel de las poblaciones indígenas y sus comunidades, tomar medidas en favor de la mujer para lograr un desarrollo equitativo, y contemplar el papel de la infancia y la juventud. Según advierte el Programa:

"Los niños no sólo heredarán la responsabilidad de cuidar la Tierra, sino que, en muchos países en desarrollo, constituyen casi la mitad de la población. Además, los niños de los países en desarrollo y de los países industrializados son igualmente vulnerables en grado sumo a los efectos de la degradación del medioambiente. También son partidarios muy conscientes de la idea de cuidar el medioambiente. Es menester que se tengan plenamente en cuenta los intereses concretos de la infancia en el proceso de participación relacionado con el medioambiente y el desarrollo, a fin de salvaguardar la continuidad en el futuro de cualesquiera medidas que se tomen para mejorar el medioambiente".

Estas líneas se escriben 24 años después de aquéllas, y encuentran al mundo en mucho peor estado, especialmente en dos planos, estrechamente relacionados entre sí: el de la contaminación y el de la inequidad. Volvamos al papa Francisco y su encíclica *Laudato si*, publicada por el pontífice "Para el cuidado de la casa común", documento que aquí citaremos profusamente. Parafraseando los versos del santo de Asís, citados arriba, dice Francisco:

"Hemos crecido pensando que éramos sus propietarios [de la tierra] y dominadores, autorizados a expoliarla. La violencia que hay en el corazón humano también se manifiesta en los síntomas de enfermedad que advertimos en el suelo, en el agua, en el aire y en los seres vivientes".

En su segunda encíclica, el pontífice se hace eco de la incansable prédica de los movimientos ecologistas, así como de las advertencias formuladas por algunos de sus predecesores (y de prelados de otros cultos), como Juan Pablo II, de quien cita su discurso a la FAO del 16 de noviembre de 1970

(Organización de las Naciones Unidas para la Alimentación y la Agricultura), advirtiendo sobre la posibilidad de una "...catástrofe ecológica bajo el efecto de la explosión de la civilización industrial", subrayando la "urgencia y la necesidad de un cambio radical en el comportamiento de la humanidad", porque "los progresos científicos más extraordinarios, las proezas técnicas más sorprendentes, el crecimiento económico más prodigioso, si no van acompañados por un auténtico progreso social y moral, se vuelven en definitiva contra el hombre". Y, en consonancia con lo hasta ahora visto, dice el Papa:

"Toda pretensión de cuidar y mejorar el mundo supone cambios profundos en los estilos de vida, los modelos de producción y de consumo, las estructuras consolidadas de poder que rigen hoy la sociedad".

Francisco toma también las palabras del patriarca Bartolomé, que en su discurso en Santa Bárbara, California, del 8 de noviembre de 1997, expresó:

"Que los seres humanos destruyan la diversidad biológica en la creación divina; que los seres humanos degraden la integridad de la tierra y contribuyan al cambio climático, desnudando la tierra de sus bosques naturales o destruyendo sus zonas húmedas; que los seres humanos contaminen las aguas, el suelo, el aire... Todos éstos son pecados. Porque un crimen contra la naturaleza es un crimen contra nosotros mismos y un pecado contra Dios".

La encíclica es un llamado a todos los seres humanos, pues dice Francisco:

"El desafío urgente de proteger nuestra casa común incluye la preocupación de unir a toda la familia humana en la búsqueda de un desarrollo sostenible e integral, pues sabemos que las cosas pueden cambiar".

Pero a continuación advierte:

"... muchos esfuerzos para buscar soluciones concretas a la crisis ambiental suelen ser frustrados no sólo por el rechazo de los poderosos, sino también por la falta de interés de los demás. Las actitudes que obstruyen los caminos de solución, aun entre los creyentes, van de la negación del problema a la indiferencia, la resignación cómoda o la confianza ciega en las soluciones técnicas".

La seducción de la tecnología

La confianza en las soluciones técnicas constituye uno de los rasgos más negativos de la actual cultura occidental que, por imposición de la fuerza económica, mediática y militar, se ha vuelto hoy una cultura cuasi universal. Esa confianza es la principal rémora a la hora de realizar los profundos cambios culturales necesarios para preservar la integridad del planeta y la continuación de la vida sobre él.

"Después de un tiempo de confianza irracional en el progreso y en la capacidad humana —se esperanza el obispo de Roma—, una parte de la sociedad está entrando en una etapa de mayor conciencia. Se advierte una creciente sensibilidad respecto del ambiente y el cuidado de la naturaleza, y crece una sincera y dolorosa preocupación por lo que está ocurriendo con nuestro planeta".

Francisco señala que existen formas de contaminación que afectan cotidianamente a casi la totalidad de las personas:

"La exposición a los contaminantes atmosféricos produce un amplio espectro de efectos sobre la salud, especialmente de los más pobres, provocando millones de muertes prematuras".

Pero a la inhalación de elevados niveles de humo que procede de los combustibles que los sectores más pobres utilizan para cocinar o para calentarse, se suma la contaminación que afecta a todos, debida al transporte, al humo de la industria, a los depósitos de sustancias que contribuyen a la acidificación del suelo y del agua, a los fertilizantes, insecticidas, fungicidas, controladores de malezas y agrotóxicos en general, fuentes de toxicidad que hemos visto en los capítulos precedentes, y que supuestamente hallarían una panacea tecnológica. Y al respecto sostiene el Papa:

"La tecnología que, ligada a las finanzas, pretende ser la única solución de los problemas, de hecho suele ser incapaz de ver el misterio de las múltiples relaciones que existen entre las cosas, y por eso a veces resuelve un problema creando otros".

Tanto los residuos industriales como los productos químicos utilizados en las ciudades y en el agro producen un efecto de bioacumulación en los organismos de los pobladores de zonas cercanas, que ocurre aun cuando el nivel de presencia de un elemento tóxico en un lugar sea bajo. Muchas veces se toman medidas sólo cuando se han producido efectos irreversibles para la salud de las personas.

"Estos problemas —explica la encíclica— están íntimamente ligados a la cultura del descarte, que afecta tanto a los seres humanos excluidos como a las cosas, que rápidamente se convierten en basura".

Mientras el funcionamiento de los ecosistemas naturales es ejemplar y de alguna manera circular (las plantas sintetizan nutrientes que alimentan a los herbívoros, que su vez alimentan a los seres carnívoros, que proporcionan importantes cantidades de residuos orgánicos, los cuales dan lugar a una nueva generación de vegetales), el sistema industrial, al

117

final del ciclo de producción y de consumo, no desarrolla la capacidad de absorber y reutilizar residuos y desechos.

Y al respecto dice el medular documento de Francisco:

"Todavía no se ha logrado adoptar un modelo circular de producción que asegure recursos para todos y para las generaciones futuras, y que supone limitar al máximo el uso de los recursos no renovables, moderar el consumo, maximizar la eficiencia del aprovechamiento, reutilizar y reciclar. Abordar esta cuestión sería un modo de contrarrestar la cultura del descarte, que termina afectando al planeta entero, pero observamos que los avances en este sentido son todavía muy escasos".

Agricultura industrial y calentamiento global

El clima es un bien común, de todos y para todos. A nivel global, es un sistema complejo relacionado con muchas condiciones esenciales para la vida humana, y el calentamiento acelerado de este sistema en las últimas décadas es más que preocupante. Ese calentamiento ha estado acompañado del constante crecimiento del nivel del mar, y además es difícil no relacionarlo con el aumento de eventos meteorológicos extremos. Hasta ahora, han sido las voces de políticos y de hombres de ciencia no comprometidos los que han advertido sobre una organización social y productiva que produce tales amargos frutos. Pero a ellos se sumó la voz del Papa, insospechado de tener otro interés que el bien común. Dice Francisco:

"La humanidad está llamada a tomar conciencia de la necesidad de realizar cambios de estilos de vida, de producción y de consumo, para combatir este calentamiento o, al menos, las causas humanas que lo producen o acentúan".

Numerosos estudios científicos señalan que la mayor parte del calentamiento global de las últimas décadas se debe a la gran concentración de gases de efecto invernadero (dióxido de carbono, metano, óxidos de nitrógeno y otros), emitidos sobre todo por la actividad humana. Al concentrarse en la atmósfera, éstos impiden que el calor de los rayos solares, reflejados por la tierra, se disperse en el espacio. Nadie esperaba que desde el Vaticano saliese la más actualizada voz respecto de estas causas:

"Esto se ve potenciado especialmente –advierte Francisco– por el patrón de desarrollo basado en el uso intensivo de combustibles fósiles, que hace al corazón del sistema energético mundial. También ha incidido el aumento en la práctica del cambio de usos del suelo, principalmente la deforestación para agricultura".

La rentabilidad de la agricultura industrial está íntimamente relacionada con su volumen y velocidad, de ahí la permanente búsqueda de la "expansión de la frontera agrícola", eufemismo con el que se denomina al avance de la industria sobre los espacios naturales.

Antes de comenzar a plantar, se desmontan los terrenos mediante topadoras y palas mecánicas; ellas realizan en un día el trabajo que a un ser humano le demandaría meses. Para peor, debido a la demora y los "trastornos" (manipulación, transporte, mano de obra) que puede provocar el aprovechamiento de la madera, se generan deliberados y extendidos incendios.

A lo largo y ancho del planeta, la agricultura industrial se mete violentamente en las sabanas, los humedales y los bosques, roturando enormes cantidades de tierra. Para la FAO, la expansión de la frontera agrícola es responsable de entre el 70 y el 90 por ciento de la deforestación mundial, de la cual no menos de la mitad ocurre para producir un puñado de mercancías agrícolas de exportación. A la vez, la agricultura industrial es responsable de entre 15 y 18% de las emisiones de gases de efecto invernadero, por la deforestación que promueve.

Los procesos agrícolas en sí mismos contribuyen con entre el 11 y el 15% de todos los gases de efecto invernadero que se producen en forma global. La mayoría de esas emisiones son resultado del uso de insumos industriales –fertilizantes y plaguicidas químicos–, del combustible y del exceso de excremento generado por la cría intensiva de animales.

Por otra parte, el sistema alimentario industrial actúa como "agencia mundial de viajes". Los ingredientes empleados en los forrajes animales pueden cultivarse en Argentina para alimentar pollos que son exportados de Perú a China, para ser procesados y finalmente consumidos en una cadena de comidas rápidas de Estados Unidos. Mucha de nuestra comida, producida en condiciones industriales en lugares lejanos, viaja miles de kilómetros antes de arribar a nuestro plato, de manera tal que es posible calcular, de modo conservador, que el transporte de alimentos es responsable de una cuarta parte de las emisiones de gases de efecto invernadero relacionadas con el transporte. Vale decir, un 5-6% del total de las emisiones globales.

El procesamiento es un paso muy rentable de la cadena alimentaria industrial. El transporte de alimentos en platos listos para consumir, en sándwiches, botanas y bebidas requiere un enorme monto de energía, sobre todo en forma de carbono. Lo mismo ocurre con el empacado y el enlatado de estos alimentos. Procesar y empacar permiten que la industria alimentaria colme las góndolas de los supermercados y las tiendas con cientos de formatos y marcas diferentes, lo que genera entre el 8 y el 10% del total de emisiones de gases con efecto invernadero.

La refrigeración es el eje de los modernos sistemas globales de procesado y distribución de alimentos en supermercados y cadenas de comida chatarra. Dondequiera se dirija el sistema alimentario industrial, ahí va también la "cadena de frío". Si el enfriamiento es responsable de 15% de todo el consumo de energía a nivel mundial, y dado que las fugas de los refrigerantes químicos son una fuente importante de gases con efecto invernadero, puede decirse que la refrigeración de los alimentos da cuenta del 2% de todas las emisiones de gases, mientras la venta al menudeo de dicha comida aporta otro 1 o 2 %.

Para colmo, el sistema alimentario industrial descarta casi la mitad de toda la comida que produce. La va tirando en el largo viaje de las fincas a los depósitos intermedios, entre éstos y los procesadores, hasta llegar al comercio al menudeo y los restaurantes. Mucho de este desperdicio se pudre en las pilas de basura y los rellenos sanitarios, produciendo montos sustanciales de gases. Entre 3.5 y 4.5% de las emisiones globales de gases de efecto invernadero proceden de los desperdicios, y más del 90% de éstos los producen materiales y sustancias originados en el sistema alimentario.

Globalización y cambio climático

Las negociaciones sobre el clima realizadas en París en diciembre de 2015 fueron consideradas la última oportunidad para que los gobiernos del mundo se comprometieran con objetivos que pudieran detener la marcha de la especie humana hacia la catástrofe.

Sin embargo, ya en los meses previos al encuentro esos mismos gobiernos impulsaron una serie de ambiciosos tratados de inversión y acuerdos comerciales que transformarán en nada cualquier medida que pueda tomarse para detener el cambio climático.

El sentido de los acuerdos sería el de incrementar la producción, el comercio y, con el incentivo en la baja de los precios, un mayor consumo aun de combustibles fósiles en un momento en que existe general consenso sobre la necesidad de reducirlo.

La Asociación Transatlántica de Comercio e Inversión (TTIP), entre la Unión Europea y Estados Unidos, y el Acuerdo Económico y Comercial Global, entre la Unión Europea y Canadá, se traducirán en la mayor dependencia europea hacia los combustibles fósiles importados desde América del Norte, así como en una reducción del espacio político necesario para promover fuentes energéticas renovables y de baja emisión de carbono.

Por otro lado, es razonable suponer que el Acuerdo Estratégico Trans-Pacífico de Asociación Económica (TPP) concluido en 2015 y en que participan catorce países de Asia y de América, redundará en un aumento de las exportaciones desde los Estados Unidos hacia los países de la Cuenca del Pacífico. Los nuevos acuerdos también incorporarán las disposiciones de resolución de conflictos, entre los inversionistas y los Estados, que las empresas ya están usando mediante el Tratado de Libre Comercio de América del Norte (TLCAN), para revertir las moratorias sobre el *fracking* (o explotación mediante fractura hidráulica) de yacimientos de gas y otras medidas ambientales implementadas por los gobiernos.

Nada se ha dicho sobre los posibles modos en que las disposiciones sobre agricultura y producción de alimentos incluidas en esos acuerdos incidirán sobre el cambio climático. Según *Vía campesina* (cfr. www.viacampesina.org), y tal como lo señala el Papa, de la deforestación al uso y abuso de fertilizantes y agroquímicos, y de las granjas industriales a las estanterías de los supermercados, producir, transportar, consumir y desechar alimentos origina cerca de la mitad de todas las emisiones de gases con efecto de invernadero.

George Steinmetz, columnista de *Grain* (en www.grain.org), una organización internacional que apoya a campesinos y a movimientos sociales en pro de sistemas alimentarios conscientes, sostiene:

"Existen siete formas mediante las que la producción de alimentos y la agricultura −como componentes de los modernos acuerdos comerciales y de inversión− harán que la crisis climática empeore".

Estas formas o vías se darían por el incremento de la producción, consumo y comercio de sustancias alimenticias que emiten grandes cantidades de gases con efecto de invernadero: las carnes rojas, los lácteos, el pescado, las aves, el aceite de palma y los alimentos altamente procesados.

En términos de producción agrícola, la carne –muy especialmente, la de cordero y la del ganado vacuno– y los lácteos son los principales contribuyentes al cambio climático. Solamente el 11% de toda la carne producida se comercializa internacionalmente pero, a nivel global, la producción y consumo de carne tenían una proyección de crecimiento de 17% para el 2024 y el Agricultural Outlook Forum 2015, de OCDE-FAO(Organización para la cooperación y el desarrollo económico de Naciones Unidas), estimaba que llegaría a duplicarse para el 2050.

Steinmetz considera que es en principio imposible predecir cuánto aumentarán el comercio y el consumo como resultado directo de estos acuerdos, pero puede calcularse que las disminuciones de aranceles y los estándares más bajos lleven a un aumento de la oferta y, por consiguiente, también del consumo en los países importadores."Eso –puntualiza–, después de todo, es lo que los *lobbies* de las empresas intentan lograr".

El mencionado Steinmetz da como ejemplo el TTIP. A partir de su firma, sostiene, el mercado europeo se abrirá a la carne estadounidense. La carne europea de calidad no podrá competir con ella, produciendo un desplazamiento de la producción hacia los Estados Unidos. Bajo el CETA (Comprehensive Economic and Trade Agreement), Canadá enviará más cerdo, carne y lácteos a Europa, mientras que la Unión Europea exportará más queso a Canadá.

Se espera que el reciente acuerdo de libre comercio concluido entre China y Australia (chAFTA) tenga un importante papel en el aumento de la producción y el comercio de lácteos en la región Asia-Pacífico. China importa cerca del 20% de su consumo de productos lácteos, y estas importaciones crecen constantemente.

"Al mismo tiempo –señala Steinmetz–, las propias empresas chinas invierten con fuerza en la producción de lácteos en Australia, para exportarla de vuelta a China".

Las crecientes importaciones de carne a China, que ahora se permiten sólo desde un puñado de países, crecieron un 18% en la primera mitad de 2015.

El comercio de lácteos fue un tema muy polémico en las negociaciones del TPP. Una vez que el acuerdo ha sido firmado, Washington afirma que la industria agrícola de Estados Unidos es "la gran ganadora" en el TPP, ya que no sólo se espera que crezcan significativamente las exportaciones estadounidenses de lácteos, sino también las de carne vacuna y cerdo. Para Steinmetz:

"Más allá de los aranceles y las cuotas, se espera que crezcan los mercados para algunas compañías de agronegocios y sus inversionistas debido a la disolución de las regulaciones sobre sanidad alimentaria y las leyes de etiquetado, como resultado de estos nuevos acuerdos".

Pese a las declaraciones de los líderes políticos de que nada cambiará, muchos de los cambios regulatorios que son impulsados por los gigantes de los agronegocios implican disminuir los estándares para los productos químicos, abrir los mercados a la carne clonada o a alimentos modificados genéticamente, y disminuir las barreras relacionadas con las enfermedades de las aves y la carne vacuna.

"Con el TPP –prosigue Steinmetz–, ahora sabemos que el gobierno estadounidense se aseguró el derecho a impugnar los estándares de sanidad alimentaria de otros países y de establecer nuevas normas para la presencia de organismos genéticamente modificados en los alimentos. Esto, seguro, expandirá el alcance de la industria de alimentos de Estados Unidos a nivel global".

Los resultados de los tratados de libre comercio entre Estados Unidos y varios países subdesarrollados de la región han sido tan previsibles como un acuerdo de intercambio formalmente igualitario entre un elefante y una hormiga. La mayor parte de los ciudadanos de México, Colombia o Perú han sido las víctimas propiciatorias.

Fraude climático: la exportación de las emisiones

Uno de los efectos de los acuerdos comerciales es que la manufactura está siendo llevada hacia países de bajos salarios y con pocas restricciones ambientales. Los países donde estos productos son consumidos aparentan tener una reducción de las emisiones cuando, en realidad, esas emisiones simplemente han sido transferidas hacia los países donde ahora se producen los bienes. Como vemos en el caso de Estados Unidos y China, ni uno ni otro país quiere asumir la responsabilidad. Lo mismo ocurre con los alimentos.

Los acuerdos comerciales favorecen la producción de alimentos en países con bajos costos y/o una producción altamente subsidiada, con altos niveles de emisión. Esos países dependen fuertemente de las exportaciones agrícolas y son a su vez víctimas de poderosos grupos de *lobby*, por lo que es improbable que implementen cualquier medida para reducir las emisiones que pudieran afectar su competitividad.

Es también poco probable que las emisiones importadas junto con los alimentos sean tomadas en cuenta por alguno de los países importadores. Aun así, si algún país importador quisiera implementar medidas para reducir la importación de ciertas materias primas que provocan altas emisiones de gases con efecto de invernadero, serían impugnadas como restricciones desleales al comercio.

Los agrocombustibles son otra forma de energía contaminante que, junto con los combustibles fósiles, podrían aumentar a causa de los últimos acuerdos comerciales. Esto ocurre especialmente cuando los capítulos de inversión de los tratados comerciales buscan "nivelar el campo de juego" para los inversionistas extranjeros, estableciendo reglas sobre "tratamiento nacional" y "la nación más favorecida", lo que facilita mucho el acceso a la tierra para producir combustibles agroindustriales.

Las nuevas normas sobre patentes, impuestas mediante estos acuerdos, también hacen más fácil que las compañías exporten sus tecnologías, sabiendo que gozarán de derechos monopólicos en los países firmantes. Eso nos hace acordar de aquella mención de Joan Manuel sobre los que "van a cagar a casa del vecino".

Hoy, las políticas climáticas de la Unión Europea han consolidado el acaparamiento de tierras en África para la producción de etanol para los mercados europeos. China, que actualmente se abastece de etanol proveniente de Pakistán y Vietnam, sus "socios" en el nuevo acuerdo de libre comercio, también realiza grandes inversiones en Brasil con idéntico propósito.

Muchos cultivos para biocombustibles –caña de azúcar, remolacha azucarera, batata, palma aceitera, maíz, sorgo, etc.– también pueden ser usados indistintamente en la industria alimenticia.

A pesar de su mal desempeño en lo relacionado con derechos humanos, derechos agrarios y emisiones de carbono, se espera que la producción de biocombustibles sea promovida cada vez más como una energía renovable dentro de las estrategias de mitigación climática, y los tratados comerciales y de inversión ayudarán a eso.

Bajo la llamada doctrina de libre comercio, los programas de "compre nacional" o "compre local", así como las regulaciones sobre el etiquetado que señala el país de origen, son considerados generalmente discriminatorios y distorsionadores del comercio.

Cualquier acción para hacer que las iniciativas para comprar o utilizar productos locales sean ilegales en el sector de los alimentos resultará automáticamente en una mayor desestabilización climática. Otro tanto ocurre con las iniciativas que apoyan las compras "verdes" o los programas que exigen comprar a las medianas y pequeñas empresas, en nombre de la mitigación del cambio climático. Ambos tipos de esfuerzo pueden ser impugnados por las grandes compañías como discriminatorios.

Injusticia con el semejante e injusticia con la Tierrra, como vemos (y como bien lo postula el Papa), vienen siendo las dos caras de la moneda de un Judas global.

Capítulo 7
LA SALUD COMO MERCANCÍA

> "Uno de los primeros deberes del médico es educar
> a las masas en no tomar medicamentos".
> William Osler

Dentro de la "ecología humana" que propone el papa Francisco, no debemos omitir una realidad, que merece al menos unas páginas: el abuso en los precios de medicamentos esenciales y la conveniencia que para las farmacéuticas representa un mundo lleno de enfermos. Ello quedó al descubierto, por ejemplo, en el libro *Big Pharma. Cómo las grandes farmacéuticas del mundo controlan la enfermedad*, de Jacky Law. Llevada luego a documental, esta investigación revela que el negocio de estas compañías es el más seguro y redituable del mundo: después de todo, siempre hay enfermos. En algunos casos —y por suerte—, la enfermedad puede ser leve e incluso curarse sola, pero en otros, parece no haber alternativa: o tomas la medicina o mueres, como ocurre con el cáncer. Y, entonces, surge otro problema, pues los medicamentos son, sencillamente, incosteables.

La mayoría de los medicamentos que consumimos cuesta muchísimo menos de lo que pagamos por ellos, por no mencionar que algunos provocan más daño que la presunta enfermedad que combaten. El argumento más usado por las farmacéuticas respecto de tales costos —para tratar el cáncer, por ejemplo— son las supuestas investigaciones sobre la enfermedad; pero se sabe que, por cada dólar asignado a ellas, otros 19 se destinan a la publicidad. En el fondo, tal vez la razón real sea que invertir en investigar la cura las colocaría en el riesgo de hallarla, lo que en consecuencia les implicaría la pérdida de un importante mercado. Es evidente que, para la industria, el dinero es más importante que la salud.

Aun sin estar enfermas, muchas personas que hayan visto esos comerciales en los que la industria farmacéutica invierte 19 de cada 20 dólares, pedirán en su consulta médica que sus doctores les receten algún medicamento sólo porque apareció en televisión, sin importar que no lo necesiten o aunque traiga consecuencias negativas a su salud. Esto se debe a que la publicidad de tales medicamentos suele agrandar síntomas comunes, como dolores de cabeza o del estómago, y los llevan al extremo de etiquetarlos como migraña o parasitosis.

A esto se agrega que algo tan esencial como dormir es alterado por la industria farmacéutica, que ofrece medicinas para anular el sueño o eliminar los síntomas del insuficiente dormir, lo cual, a la larga, provocará que el cuerpo mismo reclame la falta de sueño de formas más graves.

La hiperactividad fue también una oportunidad para las farmacéuticas. Este "mal" que aqueja a los niños, impidiéndoles concentrarse en clase y es acompañado de un "exceso" de energía, tuvo mucho éxito en el mercado. Les resultó más fácil a muchos padres atribuir el comportamiento, en la mayoría de los casos, absolutamente normal, de sus niños (que al cabo no son más que niños), y en otros originados en los aditivos alimenticios, a un trastorno que, aun sin existir, dio nacimiento a una nueva batería de medicamentos.

Buscando la salud del bolsillo

El lucro es el único interés del Big Pharma —que es como el escritor John LeCarré ha dado en llamar al complejo de grandes laboratorios farmacéuticos—: ofrece un producto o servicio a cambio de un ingreso económico, lo que en sí mismo podría considerarse una consecuencia de un sistema económico. El problema más serio es que se ofrecen productos innecesarios y cuyo consumo descontrolado resulta sumamente perjudicial para la salud y, en ocasiones, fatal. Con ensayos diseñados para favorecer a la industria productora de un nuevo medicamento, el Big Pharma pone en el mercado sustancias que no curan pero sí engrosan sus ganancias económicas. Uno de los rasgos más característicos del sistema en que vivimos es que todo es susceptible de convertirse en mercancía.

Las personas incautas y bienintencionadas consideran que la salud no debería ser un bien tasable y sujeto a un precio de mercado, un bien merecedor de una tarifa dependiente de las leyes del mercado y del poder adquisitivo del consumidor. No es así: las grandes farmacéuticas han encontrado en la salud humana un filón insuperable para multiplicar sus ganancias, una mina inagotable que, además, amplían en su posibilidad de explotación con prácticas que pervierten el que debería ser su verdadero propósito de existencia: la curación. Ocurre que la finalidad de la industria farmacéutica no es curar, sino ganar dinero.

En 2012, el médico, académico y periodista británico Ben Goldacre dio a conocer su libro *Bad Pharma*, en el que detalla algunas de las estrategias más cuestionables que la industria emplea para vender sus productos, independientemente de sus beneficios o perjuicios para la salud.

Para Goldacre:

"La medicina está en quiebra, y si los pacientes y el público en general llegaran a comprender plenamente el perjuicio que se les causa —consentido por médicos, académicos y entidades reguladoras— se indignarían porque la evidencia científica sobre la que se basa está sistemáticamente distorsionada por la propia industria farmacéutica".

Y señala el autor, en particular, el hecho de que hay medicamentos que se lanzan al mercado a pesar de que las pruebas previas no demuestran sus hipotéticos beneficios para la salud de los pacientes. Éste es el caso de la reboxetina, una droga comercializada como antidepresivo, de la cual Goldrace descubrió que sólo en uno de 254 exámenes hubo resultados positivos. Es decir, en sus palabras, que la reboxetina "no era mejor que una pastilla de azúcar".

Casualmente, el único examen que dio positivo fue el elegido para publicarse en las revistas especializadas como prueba de sus efectos. No obstante, la reboxetina sigue vendiéndose y prescribiéndose. El sistema así lo permite, dice Goldacre, en alguna medida por el hermetismo con que, acaso intencionalmente, se rodean los resultados negativos en los estudios correspondientes. Goldacre también recuerda una investigación realizada por académicos de las universidades de Harvard y de Toronto, que buscaron la relación entre estudios positivos de nuevos medicamentos (antidepresivos, drogas para úlceras y otros) y la entidad que había financiado dichos estudios:

"La desigualdad fue alarmante, pues mientras que el 85% de estudios financiados por industrias privadas arrojaron resultados positivos, esto mismo se cumplió sólo en el 50% de los que pagó el Estado".

De igual modo con datos del 2007 para unas serie de drogas que reducen el colesterol, llamadas estatinas, los investigadores concluyeron que pruebas financiadas por la industria farmacéutica tienen veinte veces más probabilidad de ofrecer resultados positivos para el medicamento en cuestión.

Esto sucede porque los ensayos se diseñan deliberadamente para complacer al patrocinador, por ejemplo, comparando la nueva droga con otra que se administra en una dosis inadecuada o un placebo que no producirá ningún efecto. A lo que debe añadirse que, por lo general, los resultados de estas pruebas se entregan en secreto al regulador que los validará:

"Un engranaje del sistema —apunta Goldacre— que es lo opuesto a la ciencia, la cual es confiable solamente porque todos muestran su trabajo, explican cómo saben si algo es efectivo o seguro, comparten sus métodos y sus resultados y permiten que otros decidan si están de acuerdo en la manera en que los datos fueron procesados y analizados".

El alcance del márketing y la propaganda farmacéutica es cada vez más sofisticado. Volvamos a la periodista Jackie Law:

"Algunas drogas son un triunfo del márketing. Un componente único provee la base para varias terapias. Paquetes de síntomas que de otra forma podrían ser interpretados con tranquilidad, en un mundo como el que vivimos, plagado de infinidad de estímulos y distracciones y, en consecuencia, con déficit de atención, han tomado nuevas formas a través de las cuales podemos expresar una expectativa que parece no tener límites y donde ningún esfuerzo de investigación parece capaz de resolver esos síntomas".

Cronificando dolencias

El biólogo Richard John Roberts, premio Nóbel de Medicina en 1993, denunció a las grandes farmacéuticas de anteponer sus beneficios económicos a la salud de las personas, deteniendo el avance científico en la cura de enfermedades porque curar no es rentable.

Roberts sostiene que la investigación para la elaboración de medicamentos debe ser producto de la inversión pública pues:

"... es absurdo suponer que las farmacéuticas, como empresas que son, van a investigar algo que no les deje rentabilidad financiera. Y lo más rentable es tratar enfermedades crónicas que requieren atención toda la vida".

El declaraciones al diario español *La Vanguardia*, del 27 de julio de 2007, Roberts dijo que muchas veces las investigaciones son desviadas "hacia el descubrimiento de medicinas que no curan del todo, sino que vuelven crónica la enfermedad". Un producto químico que consiga esto es lo que se denomina "filón" o "mina de oro". El secreto para su mejor explotación es que el medicamento en cuestión haga que el paciente experimente "una mejoría que desaparece en cuanto deja de tomarlo". Resulta casi obvio que:

"... las farmacéuticas estén interesadas en líneas de investigación no para curar sino sólo para cronificar dolencias con medicamentos cronificadores mucho más rentables que los que curan del todo".

Tras denunciar que algunos fármacos que podrían curar completamente una enfermedad no son investigados, el premio Nóbel se pregunta:

"¿Hasta qué punto es válido que la industria de la salud se rija por los mismos valores y principios que el mercado capitalista, los cuales llegan a parecerse mucho a los de la mafia?".

Las palabras de Roberts, reproducidas en *La Vanguardia* por el periodista LluisAmiget en su sección "La contra", han sido cuestionadas por los detractores de esa columna, "acusada de divulgar las pseudociencias". El propio Roberts intervino posteriormente precisando mejor sus palabras:

"Lo que yo dije es que las compañías farmacéuticas tienen poco interés en gastar mucho para encontrar curas de algunas enfermedades, porque una vez que se encuentra una cura eso limita enormemente el potencial de mercado. Prefieren encontrar medicamentos que sean efectivos contra enfermedades crónicas que los pacientes tendrán que seguir tomando durante muchos años, idealmente el resto de sus vidas".

Pero fue aun más allá:

"Lo que me molesta —explicó Roberts—, el problema que tengo con eso, es que las compañías farmacéuticas no deberían fingir que están interesadas en curaciones, porque no lo están. Hasta donde sé, es infrecuente que financien investigaciones que busquen curaciones. Pero del mismo modo, aunque habitualmente no hacen investigaciones que conduzcan a una curación, hay una enorme cantidad de investigaciones que se hacen en hospitales y entornos clínicos que sí buscan curaciones. En los Estados Unidos, el National Institute of Health gasta muchos miles de millones de dólares al año haciendo precisamente eso".

Si bien no puede afirmarse que la industria farmacéutica detenga investigaciones prometedoras que lleven a curaciones efectivas, es cierto que no tienen incentivo para hacer ese tipo de investigaciones: el negocio del Big Pharma, evidentemente, no es la salud sino la enfermedad.

Conclusiones

A esta altura, el lector habrá podido deducir cuál es la idea que subyace en esta sucinta exposición. Por si es necesario aclararla: no habrá solución ecológica sin un nuevo orden económico global más justo y equilibrado, pues el actual sólo tiende a un verdadero suicidio colectivo.

Como vimos en el último capítulo, los países hegemónicos no cejan en su afán utilitarista, y sólo trasladan los perniciosos efectos de su accionar a un territorio ajeno. Los tratados de libre comercio y los tratados de inversión suelen tener un mecanismo de controversias entre el inversionista y el Estado que les permite a las compañías impugnar esta clase de políticas gubernamentales. En ocasiones, estos juicios resultan en inmensas compensaciones financieras a favor de la compañía que resulta perjudicada por estas leyes. En otras, hace que los gobiernos cambien las políticas para evitar estas demandas.

El consumismo global, razón de ser del capitalismo, también debe ser atacado. Al igual que en el sector de la energía, se necesita enfrentar el consumo para enfrentar el cambio climático. Aumentar la producción y el comercio, o sólo hacerlos más *verdes*, no aliviará el problema.

En tanto los gobiernos están de acuerdo en que el 15% de todas las emisiones globales de gases de invernadero provienen de la producción ganadera y que el 74% de éstas proviene de las carnes rojas y lácteos, se tiene una gran oportunidad para eliminar efectivamente una gran parte del problema climático a través de las iniciativas locales. Pero, para hacer esto, es necesario derrotar los tratados comerciales y las ideologías que afirman que promover las economías "locales" es antilibre mercado y es algo malo para nosotros, cuando sólo es malo para las multinacionales.

La experiencia de acuerdos de libre comercio, como los suscriptos por Perú, México o Colombia, señala que favorecen la liberalización del flujo de mercancías, pero no la libre circulación de trabajadores, limitan la capacidad de negociación de los sindicatos, reducen los salarios y elevan la desigualdad social.

Los promotores de los tratados suelen presentarlos como una oportunidad para eliminar los aranceles que limitan el comercio de productos agrícolas e industriales; abrir los mercados de Estados Unidos y la Unión Europea a las inversiones, los servicios y la contratación pública; y homogeneizar estándares, normas y requisitos para comercializar bienes y servicios. Pero, en realidad, estos tratados están dirigidos fundamentalmente a consolidar normas y legislaciones que amparan a los fondos de inversión y a las grandes empresas multinacionales.

"Caníbales y reyes"

En su libro homónimo, el antropólogo Marvin Harris sostiene que las transformaciones de la vida social humana no se han correspondido (al menos, hasta el momento) con los objetivos conscientemente fijados por los protagonistas históricos. Y aclara:

"Por supuesto, nuestros antepasados no eran, psicológicamente, menos conscientes que nosotros en el sentido de estar alerta, de pensar y adoptar decisiones basadas en el cálculo de costos y beneficios inmediatos de tipos alternativos de acción. Decir que su consciencia no desempeñó un papel en la orientación del curso de la evolución cultural no significa decir que fueran zombies".

Para Harris, las diferentes culturas, a lo largo del tiempo, no tenían conciencia de la influencia de los modos de producción y reproducción en sus actitudes y valores, y eran absolutamente ignorantes de los efectos acumulativos a largo plazo de las decisiones adoptadas para maximizar los efectos acumulativos a corto plazo.

"Con el propósito de cambiar el mundo de manera consciente –advierte–, primero es necesario tener una comprensión consciente de cómo es el mundo. La ausencia de esa comprensión es un tenebroso augurio".

Ocurre que el pensamiento y la conducta de los individuos siempre son canalizados por límites y oportunidades culturales y ecológicos. Vale seguir citándolo, pues su pensamiento respecto de estos temas es medular.

"Muchos humanistas y artistas –dice Harris– retroceden ante la propuesta de que hasta este momento la evolución cultural ha sido configurada por fuerzas impersonales de carácter inconsciente. La naturaleza determinada del pasado nos llena de temor ante la posibilidad de un futuro igualmente determinado".

Pero el autor insiste en que sólo mediante "una consciencia de la naturaleza determinada del pasado" puede esperarse no depender en el futuro de fuerzas irracionales. Sería entonces perniciosamente falso enseñar que todas las formas culturales son igualmente probables y que la mera fuerza de voluntad de un individuo inspirado puede alterar en cualquier momento la trayectoria de todo un sistema cultural. Y como su visión del hombre es más que realista, no nos vende falsas ilusiones:

"La mayoría de las personas son conformistas. La historia se repite en innumerables actos de obediencia individual a normas y modelos culturales, y los deseos individuales rara vez predominan en cuestiones que exigen alteraciones radicales de creencias y prácticas profundamente condicionadas".

Pero en tanto los procesos evolutivos no son plenamente predecibles, en el mundo cabe lo que se llama "libre voluntad". Todos somos capaces de reflexionar, resistir, luchar, lograr el cambio. Y en tanto la evolución cultural nunca está libre de la influencia sistemática, probablemente, en palabras del antropólogo norteamericano, algunos momentos sean más "abiertos" que otros. Y allí sí podemos avizorar, a su vera, un halo de luz:

"Considero que los momentos más abiertos son aquellos en que un modo de producción alcanza sus límites de crecimiento y pronto debe adoptarse un nuevo modo de producción. Estamos avanzando rápidamente hacia uno de esos momentos de apertura. Cuando lo hayamos atravesado, y sólo entonces, al mirar hacia atrás sabremos por qué los seres humanos eligieron una opción y no otra".

Sin embargo, la peculiaridad del actual "momento de apertura" consiste en que no se ha llegado al límite sólo de un modo de producción: de optar por un camino que base las soluciones exclusivamente en el progreso técnico y se persista en los modelos de descarte y cada vez mayor acumulación, lo que está en riesgo de desaparición no es una cultura determinada, sino el planeta mismo. Y volvamos a Francisco:

"El cambio climático es un problema global con graves dimensiones ambientales, sociales, económicas, distributivas y políticas, y plantea uno de los principales desafíos actuales para la humanidad. Los peores impactos probablemente recaerán en las próximas décadas sobre los países en desarrollo.

Muchos pobres viven en lugares particularmente afectados por fenómenos relacionados con el calentamiento, y sus medios de subsistencia dependen fuertemente de las reservas naturales y de los servicios ecosistémicos, como la agricultura, la pesca y los recursos forestales".

Es trágico el aumento de los migrantes huyendo de la miseria empeorada por la degradación ambiental, que no son reconocidos como refugiados en las convenciones internacionales y llevan el peso de sus vidas abandonadas sin protección normativa alguna. Según la mencionada y lúcida encíclica, que en algo (o en mucho) se toca con el pensamiento de Harris:

"Lamentablemente, hay una general indiferencia ante estas tragedias, que suceden ahora mismo en distintas partes del mundo. La falta de reacciones ante estos dramas de nuestros hermanos y hermanas es un signo de la pérdida de aquel sentido de responsabilidad por nuestros semejantes sobre el cual se funda toda sociedad civil".

El cuidado de los ecosistemas supone una mirada que vaya más allá de lo inmediato, porque cuando sólo se busca un rédito económico rápido y fácil, a nadie le interesa realmente su preservación. Pero el costo de los daños que se ocasionan por el descuido egoísta es muchísimo más alto que el beneficio económico que se pueda obtener. En el caso de la pérdida o el daño grave de algunas especies, estamos hablando de valores que exceden todo cálculo. Por eso, podemos ser testigos mudos de gravísimas inequidades cuando se pretende obtener importantes beneficios haciendo pagar al resto de la humanidad, presente y futura, los altísimos costos de la degradación ambiental.

Además, no suele haber conciencia clara de los problemas que afectan particularmente a los excluidos, que, sin embargo, son la mayor parte del planeta. Miles y miles de personas.

"Su invisibilidad se debe –dice el Papa– a que muchos profesionales, formadores de opinión, medios de comunicación y centros de poder están ubicados lejos de ellos, sin tomar contacto directo con sus problemas. Viven y reflexionan desde la comodidad de un desarrollo y de una calidad de vida que no están al alcance de la mayor parte de la población mundial. Esta falta de contacto físico y de encuentro ayuda a cauterizar la conciencia y a ignorar parte de la realidad en análisis sesgados".

Culpar de los males de la humanidad al aumento de la población, y no al consumismo extremo y selectivo de algunos, es un modo de no enfrentar los problemas. Se pretende legitimar así el modelo distributivo actual, donde una minoría se cree con el derecho de consumir en una proporción que sería imposible generalizar, porque el planeta no podría ni siquiera contener los residuos de semejante consumo.

Entretanto, las personas que tienen un profundo compromiso con determinada visión del futuro están plenamente justificadas en la lucha por sus objetivos, aunque hoy los resultados parezcan remotos e improbables. Y queremos cerrar esta humilde contribución con palabras de Marvin Harris:

"En la vida, como en cualquier partida cuyo resultado depende tanto de la suerte como de la habilidad, la respuesta racional en caso de desventaja es luchar con más vehemencia".

Que lo hagamos, entonces. ¡Hagámoslo! Gracias.

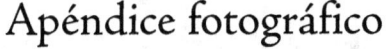

Apéndice fotográfico

El agua nada pura

Foto: US Department of Agriculture

Arriba: en la actualidad, mares, ríos y otros espejos de agua son sumideros de desechos humanos o industriales, incluso de material radioactivo. Los desechos domésticos se acrecientan con el auge de las ciudades; los industriales, con el consumismo del sistema capitalista. *Abajo*: espuma permanente en la ribera del río Tietê, Brasil, como consecuencia de la polución doméstica.

Foto: Eurico Zimbres

BASURALES ABIERTOS

Se les suele llamar "rellenos sanitarios". En verdad, son basureros que reciben desde los reciclables materiales orgánicos hasta plástico, pintura, baterías, metales, de lenta, lentísima o nula asimilación. Además, el aire se contamina con metano, benceno, tricloeriteno, etc. *Arriba*: enorme basurero oficial en Hong Kong. *Abajo*: el inicio clandestino de un basural.

Adiós, cielo azul

Foto: Alfred Palmer

Arriba: desde la Revolución Industrial, venimos liberando en el aire partículas químicas que alteran su composición y entrañan peligro para la salud de los seres vivos. Gases como los del óxido de nitrógeno, el monóxido de carbono y el dióxido de azufre, producidos por la actividad industrial y los motores de combustión interna, son una verdadera "bomba de tiempo". *Abajo*: el oscuro cielo de Shangai. En Latinoamérica, ciudades como las de México y San Pablo están entre las más afectadas por el esmog.

Foto: Marcus Saperaud

Contaminación y desechos electrónicos

Foto: Nachoman

Arriba: el inocente perfil de una antena de trasmisión de telefonía celular. Para muchos y cada vez más, ciertos campos electromagnéticos perturban a las especies vivas, afectan su salud y hábitos reproductivos. Por supuesto, todo esto se halla en discusión. Incluso a nivel académico. *Abajo*: desechos electrónicos en una calle de Bangalore, llamada "la Silicon Valley de la India".

Foto: Victor Grigas

Muerte a la vista

Foto: Tannenhaus/Flickr

Dinamita, sílice, plomo… La minería a cielo abierto es más rentable cuanto más en superficie se hallan las napas del mineral; a mayor profundidad, mayor esfuerzo y contaminación. *Arriba*: El Cerrejón, mina de carbón de Colombia, la más grande a cielo abierto de América latina. *Abajo*: toma casera (ver los registros de la cámara) de una explosión en el Cerro de San Pedro, San Luis Potosí, México, donde se busca y se extraen oro y plata desde la época colonial.

Foto: Jocumer

Contaminación acústica

El exceso de sonido, al que nos vamos acostumbrando en las ciudades, daña el ecosistema, ahuyenta o mata especies animales, deteriora la salud y calidad de vida de los humanos. La Organización Mundial de la Salud considera los 70 dB (a) como el límite superior deseable. *Arriba*: Londres, un avión pasa sobre los techos. *Abajo*: avenida Francisco Fajardo, la más congestionada, atascada y ruidosa de Caracas, Venezuela.

¿Plaguicidas u homicidas?

Foto: USDA/ Charles O'Rear

Casi bucólica imagen de un avión sobre un campo sembrado. Pero si se trata de glifosato, éste deriva del Agente naranja, con el que en la Guerra de Vietnam los estadounidenses defoliaban los campos enemigos. Hoy, el glifosato se comercia como un esterilizante vegetal selectivo, y produce cáncer, entre otras enfermedades.

Foto: Lautaro Maggi

En un campo de maíz transgénico, éste se mantiene en pie.
Todo alrededor muere.

MATAR MAL, COMER PEOR

Foto: Eric D.

Arriba: la "comida chatarra" supone afecciones cardíacas, obesidad, muerte prematura. La Agencia Internacional de Investigación sobre el Cáncer, de la OMS, clasifica como "cancerígeno" el consumo de fiambres, hamburguesas y salchichas por encima de los 50 gramos diarios. *Abajo*: la demanda de alimentos presupone maltrato animal, en una industrialización cuya crudeza el consumidor no siempre advierte.

Foto: igualdadanimal.org

Bibliografía

-Bergoglio, Jorge (Papa Francisco): *Carta Encíclica Laudato si. Sobre el cuidado de la casa común*, Madrid, Mensajero, 2015.

-Brown, Paul: *Contaminación global*, Madrid, Morata, 2009.

-Duch, Gustavo: *Alimentos bajo sospecha*, Barcelona, Los libros del Lince, 2011.

-Durf, Wilson: *Fateful Harvest: The True Story of a Small Town, a Global Industry, and a Toxic Secret*, Nueva York, Harper Collins, 2001.

-Gates, Donna; *The Body Ecology Diet: Recovering Your Health and Rebuilding Your Immunity*, Nueva York, Paperback, 2011.

-Giddens, Anthony: *La política del cambio climático*, Barcelona, Alianza, 2011.

-Harris, Marvin: *Cows, Pigs, Wars, and Witches. The Riddles of Culture*, Nueva York, Random House, 1974.

-Harris, Marvin: *Good to Eat*, Nueva York, Simon and Schuster, 1985.

-Robin, Marie-Monique: *El mundo según Monsanto*, Madrid, Península, 2008.

-Robin, Marie-Monique: *Nuestro veneno cotidiano*, Madrid, Península, 2012.

-Shiva, Vandana: *Las guerras del agua*, Madrid, Icaria, 2004.

-VV.AA.: *Deuda ecológica, ¿quién debe a quién?*, Madrid, Icaria, 2003.

Índice

www.ingramcontent.com/pod-product-compliance
Lightning Source LLC
Chambersburg PA
CBHW070136290526
45789CB00002B/502